应用型本科院校"十三五"规划教材/经济管理类

The Simulation Practical Training Course of Cost Accounting

成本会计模拟实训教程

（第2版）

主编 田凤萍 盛文平

哈尔滨工业大学出版社
HARBIN INSTITUTE OF TECHNOLOGY PRESS

内容提要

本书配合成本会计理论教学,指导学生模拟成本会计实际操作,体现成本会计理论与实践相结合的教学过程,帮助学生掌握企业成本核算的主要操作过程。

其主要内容为企业生产要素费用的归集和分配,辅助生产费用的分配,制造费用的分配,生产费用在完工产品和月末在产品之间的分配,产品成本计算的品种法、分批法和分步法,共十一章,每章包括三部分:学习要点、实训内容和实训参考答案与重点内容解析。

本书可作为高等教育应用型本科院校会计和财务管理等专业的专业课教材,也可以供经济管理人员、财会人员等实务工作者学习参考。

图书在版编目(CIP)数据

成本会计模拟实训教程/田凤萍,盛文平主编. —2版.
—哈尔滨:哈尔滨工业大学出版社,2017.6
应用型本科院校"十三五"规划教材
ISBN 978-7-5603-6703-3

Ⅰ.①成… Ⅱ.①田…②盛…… Ⅲ.①成本会计-高等学校-教材 Ⅳ.①F234.2

中国版本图书馆 CIP 数据核字(2017)第129980号

策划编辑	赵文斌 杜 燕
责任编辑	杜 燕
出版发行	哈尔滨工业大学出版社
社 址	哈尔滨市南岗区复华四道街10号 邮编150006
传 真	0451-86414749
网 址	http://hitpress.hit.edu.cn
印 刷	黑龙江艺德印刷有限责任公司
开 本	850mm×1168mm 1/16 印张13 字数366千字
版 次	2011年10月第1版 2017年6月第2版 2017年6月第1次印刷
书 号	ISBN 978-7-5603-6703-3
定 价	24.80元

(如因印装质量问题影响阅读,我社负责调换)

《应用型本科院校"十三五"规划教材》编委会

主　任　修朋月　竺培国
副主任　王玉文　吕其诚　线恒录　李敬来
委　员　（按姓氏笔画排序）
　　　　丁福庆　于长福　马志民　王庄严　王建华
　　　　王德章　刘金祺　刘宝华　刘通学　刘福荣
　　　　关晓冬　李云波　杨玉顺　吴知丰　张幸刚
　　　　陈江波　林　艳　林文华　周方圆　姜思政
　　　　庹　莉　韩毓洁　蔡柏岩　臧玉英　霍　琳

序

哈尔滨工业大学出版社策划的《应用型本科院校"十三五"规划教材》即将付梓，诚可贺也。

该系列教材卷帙浩繁，凡百余种，涉及众多学科门类，定位准确，内容新颖，体系完整，实用性强，突出实践能力培养。不仅便于教师教学和学生学习，而且满足就业市场对应用型人才的迫切需求。

应用型本科院校的人才培养目标是面对现代社会生产、建设、管理、服务等一线岗位，培养能直接从事实际工作、解决具体问题、维持工作有效运行的高等应用型人才。应用型本科与研究型本科和高职高专院校在人才培养上有着明显的区别，其培养的人才特征是：①就业导向与社会需求高度吻合；②扎实的理论基础和过硬的实践能力紧密结合；③具备良好的人文素质和科学技术素质；④富于面对职业应用的创新精神。因此，应用型本科院校只有着力培养"进入角色快、业务水平高、动手能力强、综合素质好"的人才，才能在激烈的就业市场竞争中站稳脚跟。

目前国内应用型本科院校所采用的教材往往只是对理论性较强的本科院校教材的简单删减，针对性、应用性不够突出，因材施教的目的难以达到。因此亟须既有一定的理论深度又注重实践能力培养的系列教材，以满足应用型本科院校教学目标、培养方向和办学特色的需要。

哈尔滨工业大学出版社出版的《应用型本科院校"十三五"规划教材》，在选题设计思路上认真贯彻教育部关于培养适应地方、区域经济和社会发展需要的"本科应用型高级专门人才"精神，根据前黑龙江省委书记吉炳轩同志提出的关于加强应用型本科院校建设的意见，在应用型本科试点院校成功经验总结的基础上，特邀请黑龙江省9所知名的应用型本科院校的专家、学者联合编写。

本系列教材突出与办学定位、教学目标的一致性和适应性，既严格遵照学科体系的知识构成和教材编写的一般规律，又针对应用型本科人才培养目标及与之相适应的教学特点,精心设计写作体例,科学安排知识内容,围绕应用讲授理论,做到"基础知识够用、实践技能实用、专业理论管用"。同时注意适当融入新理论、新技术、新工艺、新成果,并且制作了与本书配套的PPT多媒体教学课件,形成立体化教材,供教师参考使用。

《应用型本科院校"十三五"规划教材》的编辑出版,是适应"科教兴国"战略对复合型、应用型人才的需求,是推动相对滞后的应用型本科院校教材建设的一种有益尝试,在应用型创新人才培养方面是一件具有开创意义的工作,为应用型人才的培养提供了及时、可靠、坚实的保证。

希望本系列教材在使用过程中,通过编者、作者和读者的共同努力,厚积薄发、推陈出新、细上加细、精益求精,不断丰富、不断完善、不断创新,力争成为同类教材中的精品。

第 2 版前言

本书配合会计、财务管理等专业的《成本会计》课程的教学与学习,以生产要素费用的归集和分配,辅助生产费用的分配,制造费用的分配,生产费用在完工产品和月末在产品之间的分配,产品成本计算的品种法、分批法和分步法为主要内容。本书针对应用型本科院校学生特点和培养大纲要求,在结构上既有单项实训又有综合实训,使本书结构新颖,实用性突出和针对性强,有利于培养学生分析问题、解决问题的能力。

本书根据应用型本科教育的培养目标,将理论教育和技能教育有机的结合在一起,结合目前会计人才市场需求的结构,把培养目标主要定位在培养满足会计行业服务第一线需要的专业人才。成本会计及相关知识不仅是会计专业学生的必备知识,同时也是其他经济类学科的学生知识体系的必要补充。通过学习本实训教程使学生在建构本专业所需要的专业理论知识体系的基础上,重点掌握从事本专业领域实际工作的基本能力和基本技能,并能够适应制造业成本核算的形势发展,提高自身社会适应能力和创新能力。

本书是以制造企业为背景,按 2007 年颁布的企业会计准则编写的成本会计实训案例与要求,配有成本核算的实训所常用的电子表格以及实训所需要的会计凭证、账簿、会计报表等实训用具,又添加灵活适用的成本核算的案例,其目的在于通过本实训教材,提高学生对成本会计知识的理解和掌握。

本书内容循序渐进,在单项实训内容的基础上,扩展为综合实训的内容,真实再现制造企业生产经营活动的实景。在编写的文体上力求多样、灵活,便于学生掌握。

本书的特点:

1. 适用性:本书根据学生学习的特点,在每一个实训内容的设计上力求通俗、简洁,目的性明确,易于理解和掌握。

2. 层次性:本书的实训在设计上由浅入深的安排,学生可在指导教师的安排下,适当选择,力求在每一个实训中均有所收获。

3. 系统性:本书侧重成本会计核算与控制,同时还涉及成本会计的预测、决策、控制与分析,使学生把握成本会计整个理论体系。

4. 操作性:本书理论联系实际,有重点地进行实际业务的操作,具有较强的操作性。

本书第二章至第六章由盛文平(哈尔滨剑桥学院)编写;第七章至第九章由田凤萍(哈尔滨剑桥学院)编写;第十章、第十一章由李英昕(哈尔滨远东理工学院)编写,第一章由于岩熙编写。本书由田凤萍对全书内容进行了审核、修改,并作了适当调整。

本书在编写过程中,借鉴了国内一些成本会计的教材和相关资料,在此向所有参考文献中涉及的作者表示谢意!

由于时间仓促,以及会计学的不断发展,书中难免存在许多疏漏和不足,我们真诚地期望有关人士批评指正。

编 者
2017 年 5 月

目 录

第一章 成本会计实训综述 ·· 1
第二章 各项要素费用的归集与分配 ·· 4
  第一节 学习要点 ·· 4
  第二节 实训内容 ·· 7
    实训一 材料费用的归集与分配 ··· 7
    实训二 外购动力的归集与分配 ··· 23
    实训三 职工薪酬费用的归集与分配 ··· 30
    实训四 折旧费用与其他费用的归集与分配 ··································· 34
第三章 辅助生产费用的归集与分配 ·· 36
  第一节 学习要点 ·· 36
  第二节 实训内容 ·· 38
    实训一 辅助生产费用的直接分配法 ··· 45
    实训二 辅助生产费用的交互分配法 ··· 46
    实训三 辅助生产费用的计划分配法 ··· 47
    实训四 辅助生产费用的顺序分配法 ··· 48
第四章 制造费用的归集与分配 ·· 49
  第一节 学习要点 ·· 49
  第二节 实训内容 ·· 50
    实训一 制造费用的归集 ··· 50
    实训二 制造费用的分配 ··· 56
第五章 生产损失的核算 ·· 57
  第一节 学习要点 ·· 57
  第二节 实训内容 ·· 58
    实训一 废品损失的归集与分配 ··· 58
    实训二 停工损失的归集与分配 ··· 60
第六章 在产品和产成品成本的核算 ·· 61
  第一节 学习要点 ·· 61
  第一节 实训内容 ·· 64
    实训一 生产费用的分配方法——约当产量法 ······························· 64
    实训二 生产费用的分配方法——定额比例法 ······························· 69
    实训三 生产费用的分配方法——定额成本计算法 ························· 71
    实训四 生产费用的分配方法——按所耗直接材料费用计算法 ········· 73
第七章 成本计算品种法 ·· 75
  第一节 学习要点 ·· 75
  第二节 实训内容 ·· 75
第八章 成本计算分步法 ·· 85
  第一节 学习要点 ·· 85

第二节　实训内容 ………………………………………………………………… 86
　　　　实训一　综合结转分步法 …………………………………………………… 86
　　　　实训二　分项结转分步法 …………………………………………………… 91
　　　　实训三　平行结转分步法 …………………………………………………… 92
第九章　成本计算分批法 ……………………………………………………………… 108
　　第一节　学习要点 ………………………………………………………………… 108
　　第二节　实训内容 ………………………………………………………………… 108
　　　　实训一　成本计算分批法 …………………………………………………… 108
　　　　实训二　简化的分批法(也称不分批计算在产品成本的分批法) ………… 117
第十章　成本计算辅助方法 …………………………………………………………… 121
　　第一节　学习要点 ………………………………………………………………… 121
　　第二节　实训内容 ………………………………………………………………… 122
　　　　实训一　成本计算辅助方法——分类法 …………………………………… 122
　　　　实训二　成本计算辅助方法——定额法 …………………………………… 124
第十一章　成本报表编制与分析 ……………………………………………………… 127
　　第一节　学习要点 ………………………………………………………………… 127
　　第二节　实训内容 ………………………………………………………………… 127
　　　　实训一　商品产品成本报表分析 …………………………………………… 127
参考答案 ……………………………………………………………………………… 129
附件：记账凭证与多栏式账页 ……………………………………………………… 135
参考文献 ……………………………………………………………………………… 197

第一章　成本会计实训综述

一、成本会计实训目的、要求

1. 成本会计实训目的

成本会计学是一门应用性的微观经济管理课程。它阐述成本会计学的基本理论和基本方法,包括成本会计的对象、任务,成本核算的要求、程序,各项要素费用的核算,生产费用在完工产品和在产品之间的归集和分配的核算以及各种产品成本计算方法,成本报表的编制,标准成本法、作业成本法,成本分析与成本控制等。通过《成本会计模拟实训教程》课程的教学,使学生明确成本会计的任务和环节,认识做好成本会计工作对于企业加强经营管理的重要意义,掌握工业企业成本核算的基本原理和基本方法,了解其他行业成本核算的特点,掌握成本报表的编制方法,掌握成本分析与成本控制的基本概念和基本方法,为进一步学习后续课程打下良好的基础。

2. 实践教学设计思想

在本课程教学中,我们注重成本会计理论与成本会计实践相结合,在立足于成本会计理论教学的基础上,利用企业成本资料作为案例,引导学生深入思考企业中的实际问题。通过在成本会计教学中充分利用目前最先进的工学交替、任务驱动、项目导向等教学模式和"学生为中心"、任务教学法、项目教学法、探究式教学法、启发式教学法等教学方法,提高学生成本会计实践操作的能力,使其能够融会贯通,切实解决企业存在的实际问题。

3. 成本会计实训提示与要求

熟练掌握《成本会计》所学的基本内容,严格遵守成本费用开支范围,按《企业会计准则》的要求进行成本核算。

二、成本会计能力训练、拟实现的能力目的、相关支撑知识和实训结果

如表:

序号	能力训练项目名称	拟实现的能力目的	相关支撑知识	结果
1	成本核算一般程序	1. 能正确归集和分配各项费用 2. 能编制费用分配表 3. 能根据原始凭证填制记账凭证,登记产品生产成本明细账	1. 了解成本核算的一般程序 2. 掌握费用归集和分配方法	展示填好的费用分配表、记账凭证、生产成本明细表

续表

序号	能力训练项目名称	拟实现的能力目的	相关支撑知识	结果
2	原材料费用的分配	1. 能运用原材料定额法分配原材料费用,计算产品原材料实际消耗量 2. 能运用计划成本法核算原材料	1. 理解原材料费用分配的各种标准 2. 重点掌握定额法分配原理 3. 掌握计划成本法的步骤	展示填好的原材料费用分配表
3	辅助生产费用的分配	1. 能熟练运用直接分配法、交互分配法和按计划成本分配法分配辅助生产费用 2. 能编制辅助生产费用分配表,进行相关账务处理	1. 理解辅助生产费用的归集与分配程序 2. 掌握直接分配法、交互分配法和按计划成本分配法 3. 理解各种方法的特点、优缺点及适用条件	展示填好的辅助生产费用分配表
4	制造费用的分配	1. 能熟练地对制造费用进行归集,并运用生产工时比例法、直接人工比例法、预算分配率法和累计分配率法分配制造费用 2. 能编制制造费用分配表,进行相关账务处理	1. 理解制造费用的归集和分配程序 2. 掌握制造费用分配方法的运用 3. 理解各种方法的特点、优缺点及适用条件	展示填好的制造费用分配表
5	废品损失的核算	1. 能对废品损失进行核算 2. 能计算出不可修复废品的生产成本及废品净损失	1. 了解废品和废品损失的内涵 2. 掌握"废品损失"账户的结构 3. 重点掌握不可修复废品的生产成本及废品净损失的计算	展示计算出来的不可修复废品的生产成本及废品净损失
6	生产费用在完工产品和在产品之间的分配	1. 能计算出完工产品与在产品的成本 2. 能编制各种方法下生产费用分配表	1. 掌握生产费用在完工产品与在产品之间的几种分配方法 2. 理解各种方法的优缺点	展示各种分配法下填好的在产品和产成品费用表
7	品种法的核算程序	能运用品种法计算出产品的成本	1. 理解品种法的适用条件 2. 掌握并理解品种法的核算程序	展示用品种法填好的该品种产品的成本计算表,以及会计凭证、相关账簿的登记。

续表

序号	能力训练项目名称	拟实现的能力目的	相关支撑知识	结果
8	分批法的核算程序	1. 能运用分批法计算出产品的成本 2. 理解并掌握分批法的核算程序	1. 理解分批法的特点和适用条件 2. 理解并掌握分批法的核算程序	展示用分批法填好的该产品的成本计算表,以及会计凭证、相关账簿的登记。
9	分步法的核算程序	能运用分步法计算出产品成本	1. 理解分步法的特点和适用条件 2. 理解并掌握分步法的核算程序	展示用分步法填好的该产品的成本计算表,以及会计凭证、相关账簿的登记。
10	分类法的核算程序	能运用分类法计算出产品成本	1. 理解分类法的特点和适用条件 2. 理解并掌握分类法的核算程序	展示用分类法填好的该产品的成本计算表,以及会计凭证、相关账簿的登记。
11	定额法的核算程序	能运用定额法计算出产品成本	1. 理解定额法的特点和适用条件 2. 理解并掌握定额法的核算程序	展示用定额法填好的该产品的成本计算表,以及会计凭证、相关账簿的登记。
12	产品成本报表的编制和分析	1. 能编制各种成本报表 2. 能分析各种成本报表	1. 理解和掌握成本报表分析的程序和分析方法 2. 理解和掌握各种成本报表的内容结构、编制方法	展示编好的各种成本报表

第二章　各项要素费用的归集与分配

第一节　学习要点

一、材料费用的归集与分配

材料费用是企业在生产过程中使用材料所发生的费用。

（一）材料费用的归集

1. 入库材料成本的确定

正确地确定入库材料的成本是正确计算产品成本中材料成本的前提。入库材料的成本既可以按计划成本计价，也可以按实际成本计价。按实际成本计价时，在不同的取得方式下，其入账价值的具体构成内容也并不完全一样。如外购材料的成本是指采购成本（包括购买价格、相关税费、运输费、装卸费、保险费和其他费用等），自制材料的成本由采购成本、加工成本和其他成本构成，投资人投入的材料成本按合同或协议价确定等。

2. 领用材料的原始凭证和消耗材料的计量

在材料领用时，必须办理必要的手续，这些手续体现在相关的原始凭证上，如领料单、限额领料单和领料登记表等，根据不同的材料选用一种凭证。领用材料的相关信息都反映在原始凭证上，包括耗用的数量、材料的用途或使用部门等。对于库存的材料，可以采用永续盘存制和实地盘存制两种方法来计量。

3. 发出材料成本的确定

可以采用计划成本和实际成本两种方法。采用实际成本计价时，具体方法包括先进先出法、加权平均法、移动平均法、个别计价法等。

（二）材料费用的分配

1. 间接费用分配的基本方法

常用的分配标准有：（1）成果类，产品的重量、体积、产量、产值

（2）消耗类，生产工时、生产工人工资、机器工时、原材料消耗量等

（3）定额类，原材料定额消耗量、定额费用等

间接费用分配的公式：

$$费用分配率 = \frac{待分配费用总额}{分配标准总额}$$

某分配对象应分配的费用 = 该对象分配标准额 × 费用分配率

2. 材料费用的分配方法

对于几种产品共同耗用的某种材料，应采用分配方法进行分配计入各种产品成本中。

（1）定额耗用量比例分配法是按各种产品原材料消耗定额比例分配材料费的一种方法，适用于企业的各项材料消耗定额健全且比较准确的情况下采用。这种方法是以材料定额消耗量作为分配标准，实际消耗的总量作为待分配的对象，然后通过分配出来的实际消耗量和材料的单价计算各种产品消耗的材料费用。

(2)产品重量比例分配法是按照各种产品的重量比例分配材料费用的一种办法,适用于企业产品所耗用材料的多少与产品总量有着直接关系的。该方法中以产品重量作为分配标准来分配各种产品所耗用的材料费用。

(3)产品产量比例分配法是按产品的总量比例分配材料费用的一种方法,适用于企业产品的产量与其所耗用的材料有密切关联的情况下。

(4)产品材料定额成本比例分配法是按照产品材料定额成本分配材料费用的一种方法。适用于几种产品共同耗用几种材料的情况下。该方法是以材料定额成本作为分配标准,材料定额成本是通过实际产量计算出来的。

3. 材料费用分配的账务处理

通过前面一系列的分配计算后,将计算结果计入"材料费用分配表"中,根据表格中相关信息,将材料费用计入相应的成本和费用科目中,编制记账凭证。

二、外购动力费用的归集与分配

外购动力费用是指企业从外单位购入的电力、蒸汽等动力费用。

(一)外购动力费用的归集

外购动力费用付款时,一般借记"应付账款"账户,贷记"银行存款"账户。外购动力费一般不是在每月末支付,而是在每月下旬的某日支付。如:3月21日支付的电费是2月20日~3月20日期间所耗电费,而3月份的实际电力耗费只有到3月末才能计算分配,二者金额往往不一致。此种账务处理是权责发生制原则的要求。

若每月支付外购动力费的日期基本固定,且每月付款日至月末应付动力费相差不多,也可不通过"应付账款"账户核算,可于付款时直接借记"成本费用"账户,贷记"银行存款"账户。

(二)外购动力费用的分配

1. 分配方法

(1)在有仪表的情况下,应根据仪表所示耗用数量及单价计算;
(2)无仪表的情况下,可按生产工时比例、定额消耗量比例、机器功率时数比例分配。

2. 账务处理

应按外购动力费的用途,将其费用计入相应的成本、费用账户。在实际工作中,外购动力费的分配是通过编制外购动力费分配表并根据分配表进行账务处理。

借:基本生产成本　　×××
　　辅助生产成本　　×××
　　制造费用　　　　×××
　　管理费用　　　　×××
　　销售费用　　　　×××
贷:应付账款(或银行存款)　×××

产品成本明细账是否单设"燃料及动力"成本项目,应视情况而定。

(1)若外购动力费、燃料费占产品成本的比重较大,应单设"燃料及动力"成本项目;
(2)若外购动力费、燃料费占产品成本的比重较小,不需单设"燃料及动力"成本项目,燃料费记入"直接材料"成本项目,外购动力费记入"制造费用"成本项目。

三、职工薪酬费用的归集与分配

职工薪酬是指企业因职工提供服务而支付的所有费用。企业在确定应当作为职工薪酬进行确认和计量的项目时,需要综合考虑,确保企业人工成本核算的完整性和准确性。

（一）职工薪酬费用的归集

企业会计准则规定职工薪酬包括的内容：

(1) 职工工资(计时工资、计件工资)、奖金、津贴和补贴；
(2) 职工福利费；
(3) 医疗保险费、养老保险费、失业保险费、工伤保险费、生育保险费；
(4) 住房公积金；
(5) 工会经费和职工教育经费；
(6) 非货币性福利；
(7) 因解除与职工的劳动关系给予的补偿；
(8) 其他与为职工提供的服务相关的支出。

（二）职工薪酬费用的归集

1. 工资费用核算的任务

(1) 做好工资费用核算的基础工作。包括考勤记录、产量和工时记录、质量检验记录等。
(2) 正确计算职工工资。
(3) 正确归集工资费用。一是按工资费用发生的地点和用途进行归集；二是按照工资规定的范围来归集。
(4) 正确分配工资费用。正确划分两个界限：产品成本和期间费用的界限，各种产品之间的界限。

2. 工资费用的计算

(1) 计时工资的计算

计时工资是指按计时工资标准和工作时间支付给职工个人的劳动报酬。它采用月薪制和日薪制。

月薪制是指按职工固定的月标准工资扣除缺勤工资计算其工资的一种方法。

$$应付计时工资 = 月标准工资 - 缺勤天数 * 日工资$$

日工资的计算方法有三种：按全年平均每月工作日数计算、按全年平均每月日历日数计算、按当月满勤日数计算。

日薪制是指按职工实际出勤日数和日工资计算其应付工资的一种方法。

$$应付计时工资 = 出勤日数 * 日工资$$

日工资可以采用前面讲的第一种方法计算。

(2) 计件工资的计算

计件工资是指根据规定的计件单价和完成合格品数量计算支付的工资。

注意：料废，应支付计件工资；工废，则不应支付计件工资。

（三）职工薪酬费用的分配

1. 分配的依据

应根据各车间、部门职工的工资单(汇总工资单)作为工资费用分配的依据。

2. 工资费用的分配

工资费用的分配应按照其用途进行分配计入本期各种产品成本和期间费用中，其中，直接从事产品生产的生产工人的工资费用，应直接计入各种产品成本，在"基本生产成本"账户中进行归集，并在产品成本中以"直接人工"项目列示；基本生产车间管理人员的工资费用，应计入"制造费用"，月末分配结转至各种产品成本中；企业行政管理人员的工资费用计入"管理费用"；专设销售机构人员的工资费用计入"销售费用"等。

如果生产车间生产多种产品，则该生产车间发生的直接人工费用就需要在各种产品之间进行分配,分配时一般采用产品的实际生产工时作为分配标准。如果工时定额比较准确,直接人工费用也可以按定额工时进行分配。

四、折旧费用的归集与分配

固定资产折旧是指固定资产在使用过程中,由于损耗而逐渐转移到成本、费用中去的那部分价值。固定资产损耗一般分为有形损耗和无形损耗两种。

(一)固定资产折旧费的归集

折旧费的归集是通过编制各车间、部门折旧计算明细表而汇总编制全厂的折旧计算汇总表进行的。

(二)固定资产折旧费的分配

对于按规定计提的折旧费,应根据固定资产的使用地点和用途进行分配,分别列入不同的科目中。

第二节 实训内容

实训一 材料费用的归集与分配

一、实训资料

长城公司设有三个车间,一个基本生产车间以及供水、供电两个辅助生产车间。基本生产车间主要生产甲、乙、丙、丁四种产品。企业账户设置如下:

(1)"生产成本"总账账户下设置"基本生产成本"、"辅助生产成本"两个二级账户及相关明细账户。

(2)"制造费用"账户下设置"生产车间"、"供水车间"、"供电车间"三个明细账户。

本月有关要素费用发生情况如下:

1. 2010 年 6 月发料情况

表 2 - 1 - 1

领 料 单

编号:

领料单位:生产车间　　　　2010 年 6 月 2 日　　　　发料仓库:1 号库

编号	材料名称	规格	计量单位	数量		价格/元	
				请领数	实发数	单价	金额
	A		千克	1 200	1 200	30	36,000
用途	甲产品用			备 注			

部门主管:　　　　仓库发料:　　　　领料人:　　　　制单:

表2-1-2

领 料 单

编号：

领料单位：生产车间　　　　2010年6月2日　　　　发料仓库：1号库

编号	材料名称	规格	计量单位	数量		价格/元	
				请领数	实发数	单价	金额
	B		千克	1 100	1 100	20	22,000
用途	乙产品用			备注			

部门主管：　　　　仓库发料：　　　　领料人：　　　　制单：

表2-1-3

领 料 单

编号：

领料单位：生产车间　　　　2010年6月2日　　　　发料仓库：1号库

编号	材料名称	规格	计量单位	数量		价格/元	
				请领数	实发数	单价	金额
	C		千克	1 000	1 000	25	25,000
用途	丙产品用			备注			

部门主管：　　　　仓库发料：　　　　领料人：　　　　制单：

表 2-1-4

领 料 单

编号：

领料单位：生产车间　　　　2010 年 6 月 2 日　　　　发料仓库：1 号库

编 号	材料名称	规 格	计量单位	数　量		价格/元	
				请领数	实发数	单 价	金 额
	D		千克	850	850	40	34,000
用 途	丁产品用			备 注			

部门主管：　　　　　仓库发料：　　　　　领料人：　　　　　制单：

表 2-1-5

领 料 单

编号：

领料单位：生产车间　　　　2010 年 6 月 4 日　　　　发料仓库：1 号库

编 号	材料名称	规 格	计量单位	数　量		价格/元	
				请领数	实发数	单 价	金 额
	E		千克	2 000	2 000	50	100,000
用 途	甲、乙产品共用			备 注			

部门主管：　　　　　仓库发料：　　　　　领料人：　　　　　制单：

表 2-1-6

领 料 单

领料单位：生产车间　　　2010 年 6 月 5 日　　　编号：
　　　　　　　　　　　　　　　　　　　　　　　发料仓库：1 号库

编 号	材料名称	规 格	计量单位	数 量		价格/元	
				请领数	实发数	单 价	金 额
		F	千克	2 200	2 200	45	99,000
用 途	丙、丁产品用			备 注			

部门主管：　　　仓库发料：　　　领料人：　　　制单：

表 2-1-7

领 料 单

领料单位：供水车间　　　2010 年 6 月 5 日　　　编号：
　　　　　　　　　　　　　　　　　　　　　　　发料仓库：2 号库

编 号	材料名称	规 格	计量单位	数 量		价格/元	
				请领数	实发数	单 价	金 额
	备品备件		千克	200	200	20	4,000
用 途	机物料消耗			备 注			

部门主管：　　　仓库发料：　　　领料人：　　　制单：

表2-1-8

领 料 单

编号：

领料单位：供电车间　　　　2010年6月5日　　　　发料仓库：2号库

编　号	材料名称	规　格	计量单位	数　量		价格/元	
				请领数	实发数	单价	金额
	备品备件	千克		100	100	20	2,000
用途	机物料消耗			备注			

部门主管：　　　　仓库发料：　　　　领料人：　　　　制单：

表2-1-9

领 料 单

编号：

领料单位：生产车间　　　　2010年6月6日　　　　发料仓库：1号库

编　号	材料名称	规　格	计量单位	数　量		价格/元	
				请领数	实发数	单价	金额
	备品备件	千克		150	150	25	3,750
用途	机物料消耗			备注			

部门主管：　　　　仓库发料：　　　　领料人：　　　　制单：

表 2-1-10

领 料 单

编号：

领料单位：生产车间　　　　2010年6月6日　　　　发料仓库：1号库

编号	材料名称	规格	计量单位	数量		价格/元	
				请领数	实发数	单价	金额
	G		千克	1 500	1 500	35	52,500
用途	甲、乙、丙、丁产品共用			备注			

部门主管：　　　　仓库发料：　　　　领料人：　　　　制单：

表 2-1-11

领 料 单

编号：

领料单位：供电车间　　　　2010年6月8日　　　　发料仓库：1号库

编号	材料名称	规格	计量单位	数量		价格/元	
				请领数	实发数	单价	金额
	低值易耗品		千克	300	300	15	4,500
用途	甲产品用			备注			

部门主管：　　　　仓库发料：　　　　领料人：　　　　制单：

表2-1-12

领 料 单

编号:

领料单位:生产车间　　　　2010年6月10日　　　　发料仓库:2号库

编　号	材料名称	规　格	计量单位	数　量		价格/元	
				请领数	实发数	单　价	金　额
	J		千克	50	50	10	500
用　途	修理用			备　注			

部门主管:　　　　　　仓库发料:　　　　　　领料人:　　　　　　制单:

表2-1-13

领 料 单

编号:

领料单位:供水车间　　　　2010年6月10日　　　　发料仓库:1号库

编　号	材料名称	规　格	计量单位	数　量		价格/元	
				请领数	实发数	单　价	金　额
	B		千克	500	500	20	10,000
用　途	生产用			备　注			

部门主管:　　　　　　仓库发料:　　　　　　领料人:　　　　　　制单:

表 2-1-14

领 料 单

编号：

领料单位：生产车间　　　　2010 年 6 月 17 日　　　　发料仓库：2 号库

编　号	材料名称	规　格	计量单位	数　量		价格/元	
				请领数	实发数	单　价	金　额
	低值易耗品	千克		400	400	15	6,000
用途	甲产品用			备注			

部门主管：　　　　仓库发料：　　　　领料人：　　　　制单：

表 2-1-15

领 料 单

编号：

领料单位：生产车间　　　　2010 年 6 月 17 日　　　　发料仓库：1 号库

编　号	材料名称	规　格	计量单位	数　量		价格/元	
				请领数	实发数	单　价	金　额
	E	千克		500	500	50	25,000
用途	甲、乙产品共用			备注			

部门主管：　　　　仓库发料：　　　　领料人：　　　　制单：

表 2-1-16

领 料 单

编号：

领料单位：供水车间　　　　2010 年 6 月 18 日　　　　发料仓库：2 号库

编号	材料名称	规格	计量单位	数量		价格/元	
				请领数	实发数	单价	金额
	低值易耗品		千克	200	200	15	3,000
用途	甲产品用			备注			

部门主管：　　　　仓库发料：　　　　领料人：　　　　制单：

表 2-1-17

领 料 单

编号：

领料单位：生产车间　　　　2010 年 6 月 18 日　　　　发料仓库：1 号库

编号	材料名称	规格	计量单位	数量		价格/元	
				请领数	实发数	单价	金额
	D		千克	1 100	1 100	40	44,000
用途	生产用			备注			

部门主管：　　　　仓库发料：　　　　领料人：　　　　制单：

表 2-1-18

领 料 单

编号：

领料单位：供电车间　　　　2010 年 6 月 19 日　　　　发料仓库：1 号库

编号	材料名称	规格	计量单位	数量		价格/元	
				请领数	实发数	单价	金额
	A		千克	800	800	30	24,000
用途	生产用			备注			

部门主管：　　　　仓库发料：　　　　领料人：　　　　制单：

表 2-1-19

领 料 单

编号：

领料单位：生产车间　　　　2010 年 6 月 19 日　　　　发料仓库：1 号库

编号	材料名称	规格	计量单位	数量		价格/元	
				请领数	实发数	单价	金额
	C		千克	900	900	25	22,500
用途	生产用			备注			

部门主管：　　　　仓库发料：　　　　领料人：　　　　制单：

表 2-1-20

领 料 单

编号：

领料单位：生产车间　　　　2010 年 6 月 19 日　　　　发料仓库：1 号库

编 号	材料名称	规 格	计量单位	数　　量		价格/元	
				请领数	实发数	单　价	金　额
		B	千克	850	850	20	17,000
用 途	生产用			备　注			

部门主管：　　　　仓库发料：　　　　领料人：　　　　制单：

表 2-1-21

领 料 单

编号：

领料单位：供电车间　　　　2010 年 6 月 20 日　　　　发料仓库：2 号库

编 号	材料名称	规 格	计量单位	数　　量		价格/元	
				请领数	实发数	单　价	金　额
		J	千克	150	150	10	1,500
用 途	修理用			备　注			

部门主管：　　　　仓库发料：　　　　领料人：　　　　制单：

表 2-1-22

领 料 单

编号：

领料单位：生产车间　　　　2010 年 6 月 20 日　　　　发料仓库：1 号库

编号	材料名称	规格	计量单位	数量		价格/元	
				请领数	实发数	单价	金额
	F		千克	500	500	45	22,500
用途	丙、丁产品共用			备注			

部门主管：　　　　仓库发料：　　　　领料人：　　　　制单：

表 2-1-23

领 料 单

编号：

领料单位：供电车间　　　　2010 年 6 月 21 日　　　　发料仓库：1 号库

编号	材料名称	规格	计量单位	数量		价格/元	
				请领数	实发数	单价	金额
	D		千克	150	150	40	6,000
用途	生产用			备注			

部门主管：　　　　仓库发料：　　　　领料人：　　　　制单：

表2-1-24

领 料 单

编号：

领料单位：供电车间　　　　2010年6月22日　　　　发料仓库：2号库

编 号	材料名称	规 格	计量单位	数　　量		价格/元	
				请领数	实发数	单　价	金　额
		J	千克	100	100	10	1,000
用　途	修理用			备　注			

部门主管：　　　　仓库发料：　　　　领料人：　　　　制单：

表2-1-25

领 料 单

编号：

领料单位：生产车间　　　　2010年6月22日　　　　发料仓库：1号库

编 号	材料名称	规 格	计量单位	数　　量		价格/元	
				请领数	实发数	单　价	金　额
		G	千克	800	800	35	28,000
用　途	甲、乙、丙、丁产品共用			备　注			

部门主管：　　　　仓库发料：　　　　领料人：　　　　制单：

表2-1-26

领 料 单

领料单位:管理部门　　　　2010年6月23日　　　　编号:
　　　　　　　　　　　　　　　　　　　　　　　　发料仓库:2号库

编号	材料名称	规格	计量单位	数量		价格/元	
				请领数	实发数	单价	金额
	低值易耗品		千克	100	100	15	1,500
用途				备注			

部门主管:　　　　仓库发料:　　　　领料人:　　　　制单:

表2-1-27

领 料 单

领料单位:生产车间　　　　2010年6月25日　　　　编号:
　　　　　　　　　　　　　　　　　　　　　　　　发料仓库:2号库

编号	材料名称	规格	计量单位	数量		价格/元	
				请领数	实发数	单价	金额
	备品备件		千克	50	50	20	1,000
用途	机物料消耗			备注			

部门主管:　　　　仓库发料:　　　　领料人:　　　　制单:

表 2-1-28

领 料 单

编号：

领料单位：管理部门　　　　2010 年 6 月 28 日　　　　发料仓库：2 号库

编　号	材料名称	规　格	计量单位	数　量		价格/元	
				请领数	实发数	单　价	金　额
	J		千克	100	100	10	1,000
用　途	修理用			备　注			

部门主管：　　　　仓库发料：　　　　领料人：　　　　制单：

2. 产量及消耗定额

(1) 本月长城公司生产甲产品 500 件、乙产品 550 件、丙产品 400 件、丁产品 140 件。

(2) 甲、乙产品共用 E 材料，甲产品每件需 8 千克，乙产品每件需 10 千克。按甲、乙产品的重量分配 E 材料费用。

(3) 丙、丁产品共用 F 材料，丙产品每件需 12 千克，丁产品每件需 25 千克。按丙、丁产品的重量分配 F 材料费用。

(4) 甲、乙、丙、丁产品共用 G 材料，甲产品单件消耗定额 1.5 千克，乙产品单件消耗定额 1 千克，丙产品单件消耗定额 1.8 千克，丁产品单件消耗定额 2 千克。甲、乙、丙、丁产品按原材料定额消耗量比例分配 G 材料费用。

3. 低值易耗品在 5,6,7 三个月摊销

二、实训要求

(1) 根据领料单，编制企业领料凭证汇总表（见表 2-1-29）。

(2) 根据领料凭证汇总表，编制企业材料费用分配表（见表 2-1-30）。

(3) 编写相关会计分录。

(4) 分配率保留四位小数，金额保留两位小数。

三、实训用表

表 2-1-29

领料凭证汇总表

2010 年 6 月　　　　　　　　　　　　　　　　　　　　　　　　　　单位:元

金额＼部门＼材料名称	生产车间		辅助生产车间		管理部门	合 计
	产品用	车间用	供水车间	供电车间		
A						
B						
C						
D						
E						
F						
G						
低值易耗品						
备品备件						
J(辅助材料)						
合 计						

审核:　　　　　　　　　　　　　　　　　　　　　制表:

表 2-1-30

材料费用分配表

2010 年 6 月　　　　　　　　　　　　　　　　　　　　　　　　　　单位:元

应借科目			直接计入	分配计入		合 计
总账科目	明细科目	成本费用项目		定额消耗量	分配金额(分配率)	
基本生产成本	甲	原材料				
	乙	原材料				
	丙	原材料				
	丁	原材料				
	小 计					
辅助生产成本	供水车间	原材料				
	供电车间	原材料				
	小 计					

续表2-1-30

应借科目			直接计入	分配计入		合 计
总账科目	明细科目	成本费用项目		定额消耗量	分配金额(分配率)	
制造费用	生产车间	修理费				
		机物料消耗				
	供水车间	修理费				
		机物料消耗				
	供电车间	修理费				
		机物料消耗				
	小　计					
管理费用	管理部门	修理费				
		低值易耗品				
	小　计					
合　计						

审核：　　　　　　　　　　　　　　　　　　　　　　　　　　　制表：

实训二　外购动力的归集与分配

一、实训资料

东方公司是一个管材生产企业，主要有一个基本生产车间和供水、供电两个辅助生产车间，辅助生产车间为基本生产车间和企业其他部门提供供水和供电劳务。该公司属于增值税一般纳税人。

(1)2010年6月各部门用电汇总表见表2-2-1，同城委托收款凭证(付款通知)见表2-2-2，增值税专用发票见表2-2-3。

(2)2010年6月各部门用水汇总表见表2-2-4，同城委托收款凭证(付款通知)见表2-2-5，增值税专用发票见表2-2-6。

(3)生产工时统计表见表2-2-7。

表2-2-1

各部门用电汇总表

2010年6月　　　　　　　　　　　　　　　　　　　　单位：度

部　门	生产产品用电	其他用电	合　计
生产车间	14 680	1 000	15 680
供水车间	1 430	500	1 930
供电车间	1 850	500	2 350
管理部门		2 410	2 410
合　计	17 960	4 410	22 370
备注		每度电：0.80元	

审核：　　　　　　　　　　　　　　　　　　　　　　　　　　　制表：

表2-2-2

同城委托收款凭证(付款通知)

第159号

委托日期　2010年6月1日

付款人	全　称	东方公司	收款人	全　称	黑龙江电力公司
	账　号	280034567898999		账　号	280033336677888
	开户行	哈尔滨银行香坊支行		开户行	哈尔滨银行香坊支行

特约

委收金额	人民币（大写）贰万零玖佰叁拾捌元叁角贰分	亿	千	百	十	万	千	百	十	元	角	分
						2	0	9	3	8	3	2

计费周期		协议（合同）号码	

款项内容：

根据付款人的委托付款授权，上列款项已在付款人账户内支付。

付款人开户行盖章
年　月　日

此联付款人开户银行给付款人的付账通知

单位主管：　　　会计：　　　复核：　　　记账：

表2-2-3

各部门用水汇总表

2010年6月　　　　　　　　　　　　　　　　单位：吨

部　门	生产产品用水	其他用水	合　计
生产车间	3 080	560	3 640
供水车间	750	360	1 110
供电车间	640	280	920
管理部门		894	894
合　计	4 470	2 094	6 564

审核：　　　　　　　　　　　　　　　　　　　制表：

表2-2-4

黑龙江省增值税专用发票

发票联　　第四联 销货方作销货的记账凭证

开票日期：2010年6月6日　　No 0058379

购货单位	名　称：东方公司
	纳税人登记号：3071234561
	地　址、电　话：12345678
	开户行及账号：2800345678999

商品或劳务名称	计量单位	数量	单价	金额 千百十万千百十元角分	税率%	税额 千百十万千百十元角分
电	度	22370	0.80	1 7 8 9 6 0 0	（略）	3 0 4 2 3 2
合　计				¥1 7 8 9 6 0 0		¥3 0 4 2 3 2

价税合计（大写）：零仟零佰零拾贰万零仟玖佰叁拾捌元叁角贰分　　¥：20938.32

销货单位	名　称：L公司
	纳税人登记号：3074567892
	地　址、电　话：23456789
	开户行及账号：2801122334 4566

备注：

收款人：　　复核：　　开票人：

销货单位（章）

表 2-2-5

同城委托收款凭证(付款通知)

第 263 号

特约		委托日期	2010 年 6 月 8 日											

付款人	全 称	东方公司	收款人	全 称	黑龙江供水公司
	账 号	2800034567898999		账 号	280033336677888
	开户行	哈尔滨银行香坊支行		开户行	哈尔滨银行香坊支行

委收金额	人民币 (大写)壹万伍仟三佰伍拾玖元柒角陆分	亿	千	百	十	万	千	百	十	元	角	分
						1	5	3	5	9	7	6

计费周期		协议(合同)号码	

款项内容		根据付款人的委托付款授权,上列款项已在付款人账户内支付。 　　　　　　　　付款人开户行盖章 　　　　　　年　　月　　日

此联付款人开户银行给付款人的付账通知

单位主管:　　　　会计:　　　　复核:　　　　记账:

表2-2-6

黑龙江省增值税专用发票

第四联 销货方作销货的记账凭证

开票日期：2010年6月6日　　No 0058393

购货单位	名　称：东方公司
	纳税人登记号：3071234561
	地址、电话：12345678
	开户行及账号：2800345678989999

商品或劳务名称	计量单位	数量	单价	金额 千百十万千百十元角分	税率%	税额 千百十万千百十元角分
水	吨	6564	2.00	1 3 1 2 8 0 0		2 2 3 1 7 6
合　计				¥ 1 3 1 2 8 0 0		¥ 2 2 3 1 7 6

价税合计(大写)　零仟零佰零拾壹万伍仟叁佰伍拾玖元柒角陆分　　¥:15359.76

销货单位	名　称：W公司
	纳税人登记号：3074567890
	地址、电话：34567890
	开户行及账号：28011223345566

密码区：（略）

备注：

收款人：　　　复核：　　　开票人：

销货单位(章)

表 2-2-7

生产工时统计表

2010 年 6 月　　　　　　　　　　　　　　　　　　　　单位:工时

产 品 名 称	生 产 工 时	生产数量
甲产品	3 264	200
乙产品	2 846	150
丙产品	2 275	160
丁产品	2 545	106
合　计	10 930	616

审核:　　　　　　　　　　　　　　　　　　　　　　　　　　制表:

二、实训要求

(1)根据各部门用电汇总表、用水汇总表、付款通知单及生产工时情况表,编写外购动力费用分配表(见表2-2-8)。

注:生产用电按照生产工时在甲、乙、丙、丁产品间进行分配,生产用水按照产品生产数量在甲、乙、丙、丁产品间进行分配。

(2)根据外购动力费用分配表,编写相关的会计分录。

(3)分配率保留4位小数,金额保留2位小数。

三、实训用表

表 2-2-8

外购动力费用分配表
2010 年 6 月

单位:元

应借科目				电 费		数 额	量	水 费		合计金额
总账科目	一级明细科目	二级明细科目	成本费用项目	生产工时	分配率	金 额	生产数量	分配率	金 额	
生产成本	基本生产成本	甲	水电费							
		乙	水电费							
		丙	水电费							
		丁	水电费							
		小 计								
	辅助生产成本	供水车间	水电费							
		供电车间	水电费							
		小 计								
制造费用	生产车间		水电费							
	供水车间		水电费							
	供电车间		水电费							
	小 计									
管理费用			水电费							
合 计										

审核:　　　　　　　　　　　　　　　　　　　　　制表:

实训三 职工薪酬费用的归集与分配

一、实训资料

通过本实训,使学生明确人工费用的主要组成部分——工资计算的依据,熟悉工资结算单、工资结算表及汇总表的编制,熟练掌握工资费用分配表的编制方法,能够胜任职工薪酬核算岗位的会计工作。

表2-3-1

生产工时统计表

2010年9月　　　　　　　　　　　　　　　　　　　　　　　　单位:工时

产 品 名 称	生 产 工 时
甲产品	3 264
乙产品	2 846
丙产品	2 275
丁产品	2 545
合　计	10 930

审核:　　　　　　　　　　　　　　　　　　　　　　　　　制表:

二、实训要求

(1)根据生产工时统计表(表2-3-1)、工资结算汇总表(表2-3-2),编制工资费用分配表(表2-3-3)及福利费分配表(表2-3-4)。

(2)根据工资费用分配表及福利费分配表,编写相关的会计分录。

(3)结果保留两位小数。

三、实训用表

表2-3-2

工资结算汇总表
2010年9月

单位:元

部门名称	部门人员 人员类别	基本工资 计时工资	基本工资 计件工资	奖金	津贴补贴 岗津	津贴补贴 夜补	应扣薪酬 病假	应扣薪酬 事假	应付职工薪酬	代扣款项 医保	代扣款项 公积金	代扣款项 其他	代扣款项 小计	实发金额
生产车间	生产工人	8,800	4,900	3,500	400	400	50	50	17,900	680	450	120	1,250	16,650
生产车间	管理人员	4,200		1,200	50	40	10		5,480	320	210	60	590	4,890
生产车间	小计	13,000	4,900	4,700	450	440	60	50	23,380	1,000	660	180	1,840	21,540
供水车间	生产工人	2,400		500	30	20		10	2,940	50	40	10	100	2,840
供水车间	管理人员	1,000		400	10		10		1,400	25	11	4	40	1,360
供水车间	小计	3,400		900	40	20	10	10	4,340	75	51	14	140	4,200
供电车间	生产工人	2,500		500	30	20	10	10	3,040	50	40	10	100	2,940
供电车间	管理人员	170		400	10	20	10	10	2110	30	20	10	60	2,050
供电车间	小计	4,200		900	40	40	20	10	5,150	80	60	20	160	4,990
管理部门		4,000		500	15	10	20	20	4,505	50	40	10	100	4,405
合计		24,600	4,900	7,000	545	510	110	70	37,375	1,205	81	1,224	2,510	35,135

审核: 制表:

表2-3-3

职工薪酬费用分配表
（生产工时分配法）
2010年9月

单位：元

应借科目			直接计入	分配计入			应付职工薪酬合计
总账科目	一级明细科目	二级明细科目	成本费用项目		生产工时	分配率	分配金额	
生产成本	基本生产成本	甲	工资及福利费					
		乙	工资及福利费					
		丙	工资及福利费					
		丁	工资及福利费					
		小 计						
	辅助生产成本	供水车间	工资及福利费					
		供电车间	工资及福利费					
		小 计						
制造费用	生产车间		工资及福利费					
	供水车间		工资及福利费					
	供电车间		工资及福利费					
	小 计							
管理费用			工资及福利费					
合 计								

审核： 制表：

表 2-3-4

计提职工福利费分配表
(生产工时分配法)
2010 年 9 月

单位:元

应借科目			成本费用项目	应付职工薪酬	应付福利费(14%)	合计
总账科目	一级明细科目	二级明细科目				
生产成本	基本生产成本	甲	工资及福利费			
		乙	工资及福利费			
		丙	工资及福利费			
		丁	工资及福利费			
		小 计				
	辅助生产成本	供水车间	工资及福利费			
		供电车间	工资及福利费			
		小 计				
制造费用	生产车间		工资及福利费			
	供水车间		工资及福利费			
	供电车间		工资及福利费			
	小 计					
管理费用			工资及福利费			
合 计						

审核:　　　　　　　　　　　　制表:

实训四 折旧费用的归集与分配

一、实训资料

表 2-4-1

固定资产情况表

2011 年 6 月

部门	固定资产名称	原值(元)	购入(建造)日期	使用年限
生产车间	设备1	100,000	2009年1月	10
	设备2	15,000	2003年5月	10
	设备3	240,000	2003年5月	20
	设备4	50,000	1999年1月	15
	房屋1	1,200,000	1990年1月	30
	房屋2	2,000,000	1995年1月	30
供水车间	设备5	120,000	2009年1月	10
	设备6	60,000	2003年5月	15
	房屋3	250,000	1999年1月	30
供电车间	设备7	350,000	1999年1月	15
	设备8	80,000	2003年5月	10
	房屋4	180,000	1990年1月	30
管理部门	设备9	20,000	2008年5月	5
	房屋5	300,000	1995年1月	30
	房屋6	150,000	1990年1月	30
合 计		5,250,000		

审核： 制表：

二、实训要求

(1)根据固定资产情况表，编制固定资产折旧费用分配表(表2-4-2)及固定资产折旧汇总计算表(表2-4-3)。

(2)根据固定资产折旧费用分配表，编写相关的会计分录。

(3)结果保留两位小数。

三、实训用表

表 2-4-2

固定资产折旧费用计算表

(平均年限法)

2011 年 6 月　　　　　　　　　　　　　　　　　　　　　单位:元

部　门		固定资产名称	原　值	月折旧率(‰)	折旧额	合计
基本生产车间	生产车间	设备 1				
		设备 2				
		设备 3				
		设备 4				
		房屋 1				
		房屋 2				
辅助生产车间	供水车间	设备 5				
		设备 6				
		房屋 3				
	供电车间	设备 7				
		设备 8				
		房屋 4				
管理部门		设备 9				
		房屋 5				
		房屋 6				
合　　计						

审核:　　　　　　　　　　　　　　　　制表:

表 2-4-3

固定资产折旧汇总计算表

2011 年 6 月　　　　　　　　　　　　　　　　　　　　　单位:元

部　门	应借科目	本月折旧额
基本生产车间		
供水车间		
供电车间		
管理部门		
合　　计		

审核:　　　　　　　　　　　　　　　　制表:

第三章 辅助生产费用的归集与分配

第一节 学习要点

一、辅助生产费用

1. 辅助生产费用

企业辅助生产车间在提供服务时发生的各项费用总和称之为辅助生产费用。辅助生产车间在提供服务过程中,发生的各项耗费,构成辅助生产车间提供劳务和产品的成本。

2. 设置科目

设置"辅助生产成本"费用类科目,用于核算辅助生产车间为基本生产服务而发生的各项费用的归集和分配情况。

二、辅助生产费用的归集

辅助生产费用的正确归集是辅助生产费用分配的前提,也是正确计算产品成本的基础。辅助生产费用的归集是将辅助生产车间发生的各种费用,根据有关付款凭证、转账凭证和各种费用分配表计入"辅助生产成本"账户的借方,通过登记,把所发生的费用归集起来。

"辅助生产成本"明细账的设置,一般是按车间以及产品或劳务的种类设置,账内可按成本项目设专栏,也可以按费用项目设专栏。

三、辅助生产费用的分配

辅助生产费用的分配方法通常有:直接分配法、一次交互分配法、计划成本分配法、代数分配法和顺序分配法。

(一)直接分配法

1. 定义

直接分配法是将各辅助生产成本明细账中归集的费用总额,不考虑各辅助生产车间之间提供的劳务(或产品),直接分配给辅助生产部门以外的各受益产品、车间、部门。

该方法的特点是只对辅助生产部门以外的各单位进行分配,而不考虑辅助生产车间之间提供的劳务。

2. 计算方法

$$某辅助生产费用的直接分配率 = \frac{该辅助生产部门归集的费用}{该辅助生产部门对外提供的劳务总量}$$

辅助生产部门外部受益对象应负担的辅助生产费用 = 该受益对象接受的劳务量 × 辅助生产费用的直接分配率

3. 适用范围

这种方法最简便,但只宜在辅助生产内部相互提供劳务不多,不进行费用的交互分配,对辅助生产成本和企业产品成本影响不大的情况下采用。

该方法的优点是辅助生产车间的费用只对外分配一次，计算手续较简单。缺点是各辅助生车间之间相互提供的产品或劳务不分配费用，计算出来的辅助生产成本就不完整。

（二）一次交互分配法

1. 定义

一次交互分配法是指辅助生产车间先进行一次相互分配，然后再将辅助生产费用对辅助生产车间外部各收益对象进行分配的一种辅助生产费用的分配方法。

一次交互分配法分配辅助生产费用分两步进行：首先对内进行交互分配，即在各辅助生产车间、部门之间，按相互提供的劳务数量，进行交互分配；然后对外进行分配，即在辅助生产车间、部门以外的各受益产品、车间部门之间，按其接受的劳务数量进行分配。

该方法的特点是：要进行两次分配，要计算两个分配率。

2. 计算方法

第一次分配：对内分配。

$$辅助生产费用交互分配率 = \frac{该辅助生产车间直接发生的费用}{该辅助生产车间提供的劳务总量}$$

该辅助生产车间直接发生的费用 = 该辅助生产成本明细账交互分配前归集的费用

该辅助生产车间应分配的其他辅助生产车间的费用 =
　　该辅助生车间耗用其他辅助生产车间的劳务量 × 其他辅助生产车间费用分配率

注意：在进行交互分配时，接受劳务将转入费用，提供劳务的则转出费用。

第二次分配：对外分配

某辅助生产车间交互分配后的费用 = 该辅助生产车间直接发生的费用 + 交互分配转入的费用 − 交互分配转出的费用

$$某辅助生产费用对外分配率 = \frac{该辅助生产车间交互分配后的费用}{该辅助生产车间对外提供的劳务总量}$$

某受益对象应负担的辅助生产费用 = 该受益对象接受的劳务数量 × 某辅助生产费用对外分配率

3. 适用范围

该方法适用于企业辅助生产车间较多，相互提供劳务或产品数量较大的情况。其优点是克服了辅助生产车间之间不分配费用的缺点，使辅助生产车间的成本计算更加准确，同时促使各辅助生产车间降低相互之间的消耗，加强了经济核算。缺点是第一次交互分配时，所分配的辅助生产费用并没有包括其他辅助生产车间分配转入的成本，因此第一分配也不完整。

（三）计划成本分配法

1. 定义

计划成本分配法是指按辅助生产费用的计划单位和各受益单位耗用的劳务数量，分配辅助生产费用的一种方法。

该方法的特点是首先按辅助生产产品或劳务的计划成本向包括辅助生产车间在内的各受益单位分配各种辅助生产费用，然后将成本差异追加分配或全部计入管理费用。

优点是简化了计算工作，便于考核和分析各受益单位的经济责任，同时能反映辅助生产车间实际成本脱离计划成本的差异。

缺点是对单位计划成本的制定要求很严，制定得一定要准确。

2.计算方法

第一步:按计划成本分配

辅助生产费用的计划成本=接受的劳务量×计划单位成本

第二步:成本差异的计算

转出的差异=实际发生的费用－辅助生产费用的计划成本

第三步:差异的处理

(1)将差异按辅助生产外部各受益对象的受益比例分配;

(2)将差异全部分配计入管理费用。

3.适用范围

一般适用于辅助生产计划单位成本制定得比较准确的情况。

(四)顺序分配法

1.定义

顺序分配法是将各辅助生产之间的费用分配按照辅助生产车间受益多少的顺序排列,收益少的排列在前,先将辅助生产费用分配出去,受益多的排列在后,后将辅助生产费用分配出去。

该方法的特点是各辅助生产车间按受益由少到多的顺序排列,排在前面的车间先将费用分配出去,不承担后面的车间的费用,排在后面的车间后将费用分配出去,要承担前面车间的费用。

优点是与直接分配法相比,计算工作量增加,分配的正确性有所提高。

缺点是较为繁琐。

2.计算方法

某辅助生产费用顺序分配率=

$$\frac{该辅助生产车间归集的费用+按顺序由其他辅助生产车间分配转入的费用之和}{该辅助生产车间提供的劳务总量-已进行分配辅助生产车间接受的劳务数量}$$

受益对象应负担的辅助生产费用=该受益对象接受的劳务量×辅助生产费用顺序分配率

顺序分配法下各辅助生产车间分配费用可以按价值大小进行排序,也可以按相互接受劳务费用多少来排列。

接受的劳务费用=∑辅助生产车间对该辅助生产车间提供的劳务数量×单位成本

单位成本=辅助生产车间发生的直接生产费用÷辅助生产车间劳务总量

3.适用范围

该方法适用于各辅助生产车间相互受益程度有明显顺序的企业。

第二节　实训内容

一、实训资料

长虹公司设有一个基本生产车间,两个辅助生产车间:供水车间、供电车间。基本生产车间生产甲、乙两种产品,供水车间和供电车间为基本生产车间和企业管理部门等提供服务。该企业辅助生产车间的制造费用不通过"制造费用"科目核算。

辅助生产费用采用直接分配法、交互分配法、计划分配法、顺序分配法分别进行计算。

表 3-1-1

材料费用分配表
2011年6月　　　　　　　　　　　　　单位:元

应借科目			直接计入	分配计入			合　计
总账科目	明细科目	成本费用项目		定额消耗量（千克）	分配率	分配金额	
基本生产成本	甲产品	原材料	45,000	800		20,000	65,000
	乙产品	原材料	20,000	600		15,000	35,000
	小　计		65,000	1 400	25	35,000	100,000
辅助生产成本	供水车间	原材料	6,500				6,500
	供电车间	原材料	4,500				4,500
	小　计		11,000				11,000
制造费用		原材料	2,000				2,000
管理费用		原材料	3,000				3,000
合　计			81,000				116,000

审核:　　　　　　　　　　　　制表:

表 3-1-2

外购动力费用分配表
2011年6月　　　　　　　　　　　　　单位:元

应借科目			耗用数量（度）	分配标准（生产工时）	分配率	分配金额
总账科目	明细科目	成本费用项目				
基本生产成本	甲产品	燃料及动力		50 000		1,000,000
	乙产品	燃料及动力		30 000		600,000
	小　计		800 000	80 000	20	1,600,000
辅助生产成本	供水车间	水电费	40 000			80,000
	供电车间	水电费	50 000			100,000
	小　计		90 000			180,000
制造费用		水电费	10 000			20,000
管理费用		水电费	100 000			200,000
合　计			1 000 000		2	2,000,000

审核:　　　　　　　　　　　　制表:

表3-1-3

应付职工薪酬费用分配表

2011年6月　　　　　　　　　　　　　　　　　　　单位：元

应借科目			直接计入	分配计入			合　计
总账科目	明细科目	成本费用项目		生产工时（小时）	分配率	分配金额	
基本生产成本	甲产品	工资及福利费		50 000		400,000	400,000
	乙产品	工资及福利费		30 000		240,000	240,000
	小　计			80 000	8	640,000	640,000
辅助生产成本	供水车间	工资及福利费	39,000				39,000
	供电车间	工资及福利费	26,000				26,000
	小　计		65,000				65,000
制造费用		工资及福利费	12,000				12,000
管理费用		工资及福利费	36,000				36,000
合　计			113,000			640,000	753,000

审核：　　　　　　　　　　　　制表：

表3-1-4

计提职工福利费分配表

2011年6月　　　　　　　　　　　　　　　　　　　单位：元

应借科目			应付职工薪酬总额	计提比例	计提金额
总账科目	明细科目	成本费用项目			
基本生产成本	甲产品	工资及福利费	400,000		56,000
	乙产品	工资及福利费	240,000		33,600
	小　计		640,000		89,600
辅助生产成本	供水车间	工资及福利费	39,000	14%	5,460
	供电车间	工资及福利费	26,000		3,640
	小　计		65,000		9,100
制造费用		工资及福利费	12,000		1,680
管理费用		工资及福利费	36,000		5,040
合　计			753,000		105,420

审核：　　　　　　　　　　　　制表：

表 3-1-5

固定资产折旧费用分配表
2011 年 6 月　　　　　　　　　　　　　　　　　　单位:元

部门		应借科目	本月折旧费
基本生产车间		制造费用	450,000
辅助生产车间	供水车间	辅助生产成本——供水车间	80,000
	供电车间	辅助生产成本——供电车间	120,000
管理部门		管理费用	18,000
合计			668,000

审核：　　　　　　　　　　制表：

表 3-1-6

其他费用分配明细表
2011 年 6 月　　　　　　　　　　　　　　　　　　单位:元

部门		办公费	差旅费	修理费	保险费	其他	合计
基本生产车间		3,800	1,200	1,200	1,200	800	8,200
辅助生产车间	供水车间	600		300	200		1,100
	供电车间	800		900	300		2,000
管理部门		12,000	7,800	800	300	1,200	22,100
合　计		17,200	9,000	3,200	2,000	2,000	33,400

审核：　　　　　　　　　　制表：

表 3-1-7

辅助生产车间劳务供应量汇总表
2011年6月

受益单位和部门		供水数量(吨)	供电数量(度)
基本生产车间	甲产品	1 000	20 000
	乙产品	1 200	6 000
	车间一般耗用	600	30 000
辅助生产车间	供水车间		4 000
	供电车间	100	
管理部门		300	10 000
合计		3 200	70 000

审核：　　　　　　　　　　　　　制表：

二、实训要求

月末分配辅助生产费用，该企业辅助生产车间不设置"制造费用"账户。
(1)登记辅助生产成本明细账。
(2)编制辅助生产费用分配表。
(3)编制记账凭证，根据记账凭证登记辅助生产成本明细账。
(4)分配率保留四位小数，计算结果保留两位小数，尾差计入管理费用。

三、实训用表

表3-1-8

辅助生产成本明细账

年　月

单位:元

车间名称：

凭证号		摘要	借方金额								合计	贷方金额	余额
年 月	日												

辅助生产成本明细账

年　月

单位：元

车间名称：

凭证号		摘要	借方金额							合计	贷方金额	余额
月	日											

表 3-1-9

实训一 辅助生产费用的直接分配法

表3-1-10

辅助生产费用分配表
2011年6月

单位：元

<table>
<tr><th colspan="2" rowspan="2">项　目</th><th colspan="2">供水车间</th><th colspan="2">供电车间</th></tr>
<tr><th>数量（吨）</th><th>金额</th><th>数量（度）</th><th>金额</th></tr>
<tr><td colspan="2">待分配辅助生产费用</td><td></td><td></td><td></td><td></td></tr>
<tr><td colspan="2">劳务供应总量</td><td></td><td></td><td></td><td></td></tr>
<tr><td colspan="2">其中：辅助生产以外单位</td><td></td><td></td><td></td><td></td></tr>
<tr><td colspan="2">费用分配率（单位成本）</td><td></td><td></td><td></td><td></td></tr>
<tr><td rowspan="6">受益单位</td><td>辅助生产车间　供水车间</td><td></td><td></td><td></td><td></td></tr>
<tr><td>　　　　　　　　供电车间</td><td></td><td></td><td></td><td></td></tr>
<tr><td>基本生产车间　甲产品</td><td></td><td></td><td></td><td></td></tr>
<tr><td>　　　　　　　　乙产品</td><td></td><td></td><td></td><td></td></tr>
<tr><td>　　　　　　　　一般消耗</td><td></td><td></td><td></td><td></td></tr>
<tr><td>管理部门</td><td></td><td></td><td></td><td></td></tr>
<tr><td colspan="2">合　计</td><td></td><td></td><td></td><td></td></tr>
</table>

审核：　　　　　　　　　　　　　　　　　　制表：

实训二 辅助生产费用的交互分配法

表3-1-11

辅助生产费用分配表
2011年6月

单位:元

项　目			交互分配				对外分配			
			供水车间		供电车间		供水车间		供电车间	
			数量(吨)	金额	数量(度)	金额	数量(吨)	金额	数量(度)	金额
待分配辅助生产费用										
劳务供应总量										
费用分配率(单位成本)										
受益单位	辅助生产车间	供水车间								
		供电车间								
	基本生产车间	甲产品								
		乙产品								
		一般消耗								
	管理部门									
合　计										

审核:　　　　　　　　　　　　　　　　　　　　　　　　制表:

实训三 辅助生产费用的计划成本分配法

表 3-1-12

辅助生产费用分配表
2011 年 6 月

单位:元

项 目		供水车间 计划单位成本 69 元/吨			供电车间 计划单位成本 3.80 元/度			合 计
		数量(吨)	计划数量(吨)	金额	数量(度)	计划数量(度)	金额	
待分配辅助生产费用								
受益单位	辅助生产	供水车间						
		供电车间						
	基本生产	甲产品						
		乙产品						
	基本生产车间							
	管理部门							
按计划成本分配合计								
辅助生产实际成本								
辅助生产成本差异								

审核: 制表:

实训四 辅助生产费用的顺序分配法

表 3-1-13

辅助生产费用分配表
2011 年 6 月

单位：元

辅助生产车间		待分配辅助生产费用、劳务量	分配率	辅助生产车间内部顺序分配		对外分配			金额合计
				供水车间	供电车间	基本生产	制造费用	管理费用	
供水车间	数量								
	金额								
供电车间	数量								
	金额								
金额合计									

审核：　　　　　　　　　　　　　　　　　　制表：

第四章 制造费用的归集与分配

第一节 学习要点

一、制造费用及其核算

(一)制造费用

制造费用是指企业或生产单位为组织和管理生产而发生的各项费用,以及固定资产使用费、维修费等费用。制造费用是产品成本的重要组成部分。

正确合理地组织制造费用的核算,对于正确计算产品成本,控制各车间、部门费用的开支,考核费用预算的执行情况,不断降低产品成本具有重要的作用。

(二)设置科目

为了核算与监督制造费用的发生,并把它汇集起来,应设置"制造费用"科目,该科目借方登记发生的制造费用,贷方登记分配计入有关的成本核算对象的制造费用。在一般情况下,"制造费用"科目不仅核算基本生产车间的制造费用,而且还核算辅助生产车间的制造费用。该科目应按不同的车间、部门设置明细账。

二、制造费用的归集

在发生制造费用时,应根据有关的付款凭证、转账凭证和各种费用分配表,借记"制造费用"科目及其所属明细账的有关费用项目专栏,并根据具体情况分别计入"原材料""应付职工薪酬""应付福利费""累计折旧""银行存款"等科目的贷方。

月末,将"制造费用"科目及其所属明细账中登记的费用汇总后,从该科目的贷方转出,计入"生产成本——基本生产成本"科目的借方,除季节性生产企业外,该科目月末没有余额。

如果辅助生产发生的制造费用是通过"制造费用"科目单独核算,则比照基本生产车间发生的制造费用核算。如果不通过"制造费用"科目单独核算,则应全部计入"生产成本——辅助生产成本"科目及其所属明细账的有关费用项目专栏内。

三、制造费用的分配

为了正确计算产品成本,必须合理地进行制造费用的分配。由于各车间的制造费用水平不同,制造费用的分配应该按车间分别进行,而不应该将各车间的制造费用汇总起来,在整个企业范围内统一分配。

如果一个车间只生产一种产品,该车间的制造费用就应直接计入该种产品的成本中。如果一个车间生产多种产品,其制造费用就是间接计入费用,应当采取适当的分配方法,将其分配计入各种产品成本中。

分配制造费用时,需要选择一定的分配标准,标准不同,分配的方法也不同。

(一)实际分配率方法

实际分配率方法是根据当月实际制造费用及其分配标准,来分配制造费用。由于标准不

同,具体方法有以下三种:

1. 生产工时比例法

该方法是以各种产品所耗的实际(或定额)工时为标准,来分配制造费用的一种方法。

计算公式:

$$制造费用分配率 = \frac{制造费用总额}{各种产品实际(或定额)工时之和}$$

某种产品应分配的制造费用 = 该产品实际(或定额)工时 × 制造费用分配率

这种方法优点是工时资料比较方便取得。但缺点是忽视了各生产工时制造费用水平不同。

2. 直接工资比例法

该方法是以产品成本中的直接工资为标准来分配制造费用的一种方法。

3. 联合分配法

该方法是根据制造费用各类费用的特点,将其划分为若干类,分别选择合理的标准进行分配。

(二)预算分配率方法(年度计划分配率分配法)

该方法是以企业制造费用预算和各种产品定额工时(或标准工时)为标准来分配制造费用的一种方法。

计算公式:

$$制造费用预算分配率 = \frac{全年制造费用预算总额}{全年各种产品计划产量的定额工时之和}$$

某产品应分配的制造费用 = 该产品实际产量的定额工时 × 制造费用的预算分配率

这是按预算分配率来进行的分配,分配的结果和企业实际发生的制造费用之间肯定会产生差额,对该差额的处理:平时(1~11月)将该差额留在"制造费用"科目中。年末,再按照各种产品已分配数额的比例计入12月份成本中。

制造费用差额 = 实际制造费用 − 按预算分配率分配的制造费用

$$差额分配率 = \frac{差额}{按预算分配率分配的制造费用}$$

某产品应分配的差额 = 该产品按预算分配率分配的制造费用 × 差额分配率

(三)累计分配率方法

该方法是在产品完工时一次性分配其应负担的全部制造费用,至于未完工产品暂不分配,其应负担的费用保留在"制造费用"科目中,待其完工后一次性分配。

第二节 实训内容

实训一 制造费用的归集

一、实训资料

鹏程机械制造厂有一个基本生产车间,两个辅助生产车间:供电车间和机修车间。基本生产车间生产甲、乙两种产品,供电车间和机修车间为基本生产车间和企业行政管理部门等提供服务。

(1)材料费用分配表见表4-1-1。

表 4-1-1

材料费用分配表
2010 年 8 月　　　　　　　　　　　　　　　　　　　　　　单位:元

应借科目			直接计入	分配计入			合计
总账科目	明细科目	成本费用项目		定额消耗量（千克）	分配率	分配金额	
基本生产成本	甲产品	原材料	100,000	2 400		60,000	160,000
	乙产品	原材料	80,000	1 800		45,000	125,000
	小　计		180,000		25		285,000
辅助生产成本	供电车间	原材料	12,000				12,000
	机修车间	原材料	9,600				9,600
	小　计		21,600				21,600
制造费用	基本生产车间	原材料	12,000				12,000
管理费用		原材料	22,400				22,400
合　计			236,000			105,000	341,000

审核:　　　　　　　　　　　　　　　　　　　制表:

(2) 工资费用分配表见表 4-1-2。

表 4-1-2

应付职工薪酬费用分配表
2010 年 8 月　　　　　　　　　　　　　　　　　　　　　　单位:元

应借科目			直接计入	分配计入			合计
总账科目	明细科目	成本费用项目		生产工时（小时）	分配率	分配金额	
基本生产成本	甲产品	工资及福利费		1 000		32,500	32,500
	乙产品	工资及福利费		1 200		39,000	39,000
	小　计			2 200	32.5	71,500	71,500
辅助生产成本	供电车间	工资及福利费	14,000				14,000
	机修车间	工资及福利费	15,000				15,000
	小　计		29,000				29,000
制造费用	基本生产车间	工资及福利费	4,500				4,500
管理费用		工资及福利费	26,500				26,500
合　计			60,000			71,500	131,500

审核:　　　　　　　　　　　　　　　　　　　制表:

(3)计提职工福利费分配表见表4-1-3。

表4-1-3

计提职工福利费分配表

2010年8月　　　　　　　　　　　　　　　　　　　　　　　　　　　单位:元

应借科目			应付职工薪酬总额	计提比例	计提金额
总账科目	明细科目	成本费用项目			
基本生产成本	甲产品	工资及福利费	32,500	14%	1,550
	乙产品	工资及福利费	39,000		5,460
	小　计		71,500		7,010
辅助生产成本	供电车间	工资及福利费	14,000		1,960
	机修车间	工资及福利费	15,000		2,100
	小　计		29,000		4,060
制造费用	基本生产车间	工资及福利费	4,500		630
管理费用		工资及福利费	26,500		3,710
合　计			131,500		18,410

审核:　　　　　　　　　　　　　　制表:

(4)固定资产折旧计算表见表4-1-4。

表4-1-4

固定资产折旧计算表

2010年8月　　　　　　　　　　　　　　　　　　　　　　　　　　　单位:元

部门	固定资产名称	原值	月折旧率(‰)	月折旧额
基本生产车间	房屋建筑物	300,000	2	600
	机器设备及其他设备	800,000	10	8,000
	运输设备	200,000	8	1,600
	小　计		—	10,200
供电车间	房屋建筑物	200,000	3	600
	设备	240,000	10	2,400
	小　计		—	3,000
机修车间	房屋建筑物	200,000	8	1,600
	设备	380,000	5	1,900
	小　计		—	3,500

续表 4-1-4

部门	固定资产名称	原值	月折旧率(‰)	月折旧额
管理部门	房屋建筑物	500,000	8	4,000
	设备	300,000	8	2,400
	运输设备	500,000	6	3,000
	小　计		—	9,400
合计		3,620,000	—	26,100

审核：　　　　　　　　　　　　　　　制表：

(5) 其他费用汇总表见表 4-1-5。

表 4-1-5

其他费用分配明细表

2010 年 8 月　　　　　　　　　　　　　　单位：元

部门		办公费	保险费	其他	合计
基本生产车间		2,680	3,200	4,100	9,980
辅助生产成本	供电车间	1,200	800	640	2,640
	机修车间	1,600	1,000	1,220	3,820
	小　计	2,800	1,800	1,860	6,460
管理部门		5,400	3,200	4,500	13,100
合　计		10,880	8,200	10,460	29,540

审核：　　　　　　　　　　　　　　　制表：

(6) 辅助生产费用分配表见表 4-1-6。

表 4-1-6

辅助生产费用分配表

（直接分配法）

2010 年 8 月　　　　　　　　　　　　　　单位：元

项　目	供电车间		机修车间	
	数量(度)	金额	数量(小时)	金额
待分配辅助生产费用		33,600		43,300
劳务供应总量	112 000		10 800	

续表 4-1-6

项目			供电车间		机修车间	
			数量(度)	金额	数量(小时)	金额
其中:辅助生产以外单位			100 000		10 000	
费用分配率(单位成本)				0.3360		4.33
受益单位	辅助生产车间	供电车间			800	
		机修车间	12 000			
	基本生产车间	甲产品	50 000	16,800		
		乙产品	30 000	10,080		
		一般消耗	10 000	3,360	2 500	10,825
	管理部门		10 000	3,360	7 500	32,475
合 计			112 000	33,600	10 800	43,300

审核:　　　　　　　　　　　　　　制表:

二、实训要求

(1)设置制造费用明细账。

(2)根据各种费用分配表及有关记账凭证登记基本生产车间的"制造费用——基本生产车间"明细账表4-1-8。

三、实训用表

表4-1-8

制造费用明细账

车间名称： 年　月 单位：元

年 月	日	凭证号	摘要	借方金额							合计	贷方金额	余额

实训二 制造费用的分配

一、实训资料

各项费用分配表参照实训一制造费用的归集的表 4-1-1 至 4-1-6。生产工时统计表见表 4-1-7。

表 4-1-7

生产工时统计表

2010 年 8 月　　　　　　　　　　　　　　　　　　　　　　单位:小时

产品名称	生产工时
甲产品	1 000
乙产品	1 200
合　计	2 200

审核:　　　　　　　　　　　　　制表:

二、实训要求

(1)该企业辅助生产车间不设置"制造费用"科目。月末分配基本生产车间的制造费用。制造费用的分配采用生产工时比例分配法。

(2)根据制造费用明细账和生产工时统计表,编制制造费用分配表,并据以编制记账凭证,登记制造费用明细账。

(3)实验过程中的计算结果,分配率保留 4 位小数,接数据保留 2 位小数。

三、实验用表

表 4-1-9

制造费用分配表

车间:基本生产车间　　　　　2010 年 8 月　　　　　　　　　　单位:元

产品名称	分配标准(生产工时)	分配率	分配金额
甲产品			
乙产品			
合　计			

审核:　　　　　　　　　　　　　制表:

第五章 生产损失的核算

第一节 学习要点

一、生产损失的概念与范围

企业生产过程中发生的各种损失,称为生产损失。生产损失一般包括废品损失和停工损失两类。

二、废品损失的概念、范围与计算

1. 废品损失

指因产生废品而造成的损失。废品损失主要包括可修复废品的修复费用和不可修复废品的成本减去废品残值后的报废损失。对废品损失的核算要通过"废品损失"会计科目核算。

2. 废品损失明细账的设置

"废品损失"科目应按废品的品种或批别分别设置明细账,在账内一般按规定的成本项目设置专栏。

3. 不可修复废品成本的计算

对不可修复废品可按废品所耗实际费用计算,也可按定额成本计算。按定额成本计算废品成本是指根据产品的定额成本和发生的废品数量,以及发现废品时已投料和已加工的程度计算。

三、停工损失的概念、原因与核算范围和核算

1. 停工损失的内容

停工损失是指企业的生产车间在停工期间所发生的各项费用。停工损失主要包括停工期间应付给职工的工资、计提的应付福利、应分配的制造费用等。

2. 停工的原因及核算范围

企业发生停工的原因很多,例如产品滞销、计划减产、停电、材料供应不足、机器设备出现故障、对设备进行修理等。另外,有些企业的生产带有明显的季节性,这样,也会引起季节性停工。停工时间有长有短,范围有大有小。

3. 停工损失的核算

企业对停工损失进行会计核算时,设置"停工损失"总账科目进行核算。"停工损失"科目应按车间按成本项目设置专栏,设置明细账进行明细核算;

在进行停工损失核算时,由于停工损失的原因不同,其转销的账务处理也不一样。对于季节性、修理期间的停工损失,应列入制造费用,可采用预提、待摊的方法,由开工月份负担;非季节性和非修理期间的停工损失,应计入营业外支出;可向责任人或保险公司取得的赔款,应计入"其他应收款"科目。

第二节 实训内容

实训一 废品损失的归集与分配

一、实训资料

华润工厂加工车间生产甲产品,2010年9月甲产品有关定额及废品的资料情况如下:
(1)废品资料(见表5-1-1)。
(2)部分零部件消耗定额资料(见表5-1-2)。
(3)废品回收残料价值为620元,已交原材料仓库;废品按照规定应由过失人赔偿200元。

表5-1-1

废品资料

产品名称:甲产品　　　　　　　2010年9月

零件名称	计量单位	料废 数量	料废 原因	工废 数量	工废 原因	致废分析	致废工序
A	件	2		5		不可修复	车工
B	件	3				不可修复	钻工
C	件	5				不可修复	磨工

表5-1-2

零部件消耗定额资料

产品名称:甲产品　　　　　　　2010年9月

零件名称	计量单位	原材料消耗定额 材料名称	原材料消耗定额 消耗量(千克)	工时消耗定额 锻	工时消耗定额 车	工时消耗定额 铣	工时消耗定额 钻	工时消耗定额 磨	工时消耗定额 插	工时消耗定额 小计
A	件	乙材料	30	2	1			1		4
B	件	乙材料	20	2	2		3	1	2	10
C	件	丙材料	15	3	1	2		2	1	9

二、实训要求

要求:按照定额成本计算不可修复废品成本。
(1)根据上述资料编制"废品定额消耗量计算表"(见表5-1-3)。
(2)根据上述资料编制"不可修复废品成本计算表"(见表5-1-4)。
(3)根据废品损失计算表编制记账凭证,登记"废品损失明细账"(见表5-1-5)。

三、实训用表

表 5-1-3

废品定额消耗量计算表

产品名称：甲产品　　　　　　　2010 年 9 月

零件名称	数量（件）	原材料定额消耗量（千克）		工时定额消耗量（小时）
		乙材料	丙材料	
A				
B				
C				
合计				

表 5-1-4

不可修复废品成本计算表

产品名称：甲产品　　　　　　　2010 年 9 月　　　　　　　单位：元

项目	直接材料		燃料及动力	直接人工	制造费用	合计
	乙材料	丙材料				
计划单价	15	25	15	8	20	—
定额耗用量	270	75	82	82	82	—
废品定额成本						

表 5-1-5

废品损失明细账

产品名称：甲产品　　　　　　　2010 年 9 月　　　　　　　单位：元

年		凭证号	摘要	借方金额					贷方金额	余额
月	日			直接材料	燃料及动力	直接工资	制造费用	合计		
			废品定额成本							
			废品残值							
			过失人赔款							
			结转废品净损失							

实训二 停工损失的归集与分配

一、实训资料

红星工厂2010年9月,停工资料情况如下:

第一生产车间,由于设备故障停工40小时,该车间有工人20人,该车间生产工人平均小时工资为9.8元,制造费用分配率为每小时28.2元。

第二生产车间,由于外部供电线路原因停工50小时,该车间有工人12人,该车间生产工人平均小时工资为8.5元,制造费用分配率为每小时14.5元,此外,停工期间损失材料26千克,材料单价50元/千克。

二、实训要求

(1)根据上述资料,计算停工损失。
(2)根据停工损失计算表编制记账凭证。

三、实训用表

表5-2-1

生产损失报告表
2010年9月

项目	原因	数量	工时	修复费用				报废净损失				收回残料	净损失	备注
				直接材料	直接人工	制造费用	合计	直接材料	直接人工	制造费用	合计			
废品损失														
停工损失	职工薪酬		材料费		折旧费		水电费		制造费用			合计		

会计:　　　　　　　复核:　　　　　　　制单:

第六章　在产品和产成品成本的核算

第一节　学习要点

一、在产品和产成品成本核算的意义

企业在生产过程中所发生的各项费用,经过生产费用要素的分配、部门费用和其他费用分配、废品损失的核算等项任务以后,所发生的费用,都集中在"生产费用——基本生产费用明细账"和它所属的"生产成本计算单"中。成本核算的目的,就是为了归集生产费用,最后计算完工产品的总成本和单位成本。

因此,企业将所归集在"生产成本——基本生产成本明细账"和"产品成本计算单"中的费用,采用一定的方法,计算出完工产品的成本,当有在产品的情况下,还需将生产费用在完工产品和在产品之间进行分配。

计算出完工的产成品成本后,还应将完工的产成品办理入库手续,采用适当的方法进行入库和收发的核算。因此,在产品和产成品成本核算的内容包括在产品和完工产成品成本的计算、在产品的实物管理、资金管理以及产成品的管理。

二、在产品与产成品成本计算模式

　　月初在产品成本 + 本月生产费用 = 本月完工产品成本 + 月末在产品成本

在产品与产成品成本计算一般有三种模式:

(1)先计算完工产品成本,然后将生产费用合计减去完工产品成本,其余额就是在产品成本。

(2)先计算月末在产品成本,将生产费用合计减去在产品成本,其余额就是完工产品成本。

(3)采用适当的方法,同时计算出完工产品成本和月末在产品成本。

三、在产品数量的核算

1. 在产品

(1)在产品是指没有完成全部生产过程,不能作为商品销售的产品。

(2)狭义的在产品是指在某一生产车间或某一生产步骤内进行加工的在产品,以及正在返修的废品和已完成本车间生产但尚未验收入库的半成品。

(3)广义的在产品是从整个企业范围来定义的,是指从材料投入生产开始,到最后制成产品交验收入库等待出售前的一切未完工产品,不仅包括狭义在产品,还包括已经完工部分加工阶段、已由中间仓库验收,但还需要继续加工的半成品、未验收入库的产成品以及等待返修的废品。

注:对于不准备在本企业继续加工,等待对外出售的自制半成品,应作为商品产品,不应列入在产品范围中。不可修复的废品也不应列入在产品之内。

2. 在产品数量的核算

在产品数量的核算主要有两项工作：在产品收发结存的日常核算工作和在产品的清查工作。做好这两项工作，不仅可以从账面上随时掌握在产品的动态情况，还可以查清在产品的实际数量。对于正确计算产品成本，加强生产资金管理和保护企业财产的安全，都具有十分重要的意义。

（1）在产品收发结存的日常核算工作

在车间按产品品种和在产品的名称设置"在产品收发结存账"（在产品台账），方便反映各种在产品的收入、发出、结存的数量。在产品台账应根据在产品内部转移凭证、废品返修单、产品检验凭证以及产成品、自制半成品的交库单等进行登记。

（2）在产品的清查工作

为了核实在产品数量，在进行在产品收发结存数量核算的同时，必须对在产品进行定期或不定期的清查盘点，以保护在产品的安全完整。在产品清查后，应根据盘点结果，编制在产品盘存表，与在产品台账进行核对，如有不符，应填写"在产品盘点报告单"。

四、生产费用在完工产品和在产品之间的分配

企业应根据月末结存的在产品数量的多少、月末在产品数量变化的大小、月末在产品价值的大小、在产品成本中各项费用比重的大小以及企业定额管理基础工作的扎实与否等方面的因素，采用适当的分配方法将生产费用在完工产品和在产品之间进行分配。分配方法包括：在产品不计价法、在产品按年初固定成本计价法、在产品按所耗原材料费用计价法、约当产量法、在产品按完工产品计算法、在产品按定额成本计价法、定额比例法等七种方法。

1. 在产品不计价法（不计算在产品成本法）

这是一种不计算月末在产品成本的方法。适用于企业月末在产品数量很少，价值很低，算不算在产品成本对完工产品成本的影响很小，并且各月在产品数量比较稳定。

$$本月生产费用 = 本月完工产品成本$$

2. 在产品按年初固定成本计价法

这是一种月末在产品固定按年初成本计价的方法。如果企业各月末在产品数量比较少或者虽然在产品数量较多，但各月之间在产品数量变化不大，月初、月末在产品成本的差额对完工产品成本影响不大。

为简化核算，各月月末在产品可按年初固定成本计价。在每年年末，应根据实际盘点的在产品数量重新计算在产品的实际成本，重新确认下一年度的在产品成本的年初固定数。

3. 在产品按所耗原材料费用计价法

该方法是指月末在产品成品只计算其所耗用的原材料费用，不计算直接人工及制造费用等加工费用的一种方法。适用于企业各月末在产品数量较大，而且在产品数量变化较大，但原材料费用在产品成本中占有较大比重的情况下。特点是在产品只计算原材料费用，不计算其他费用，其他费用全部由完工产品成本承担。

4. 约当产量法

（1）约当产量比例法

约当产量比例法是指生产费用按照完工产品数量和月末在产品约当产量的比例分配计算完工产品成本与月末在产品成本的一种方法。约当产量是指将月末在产品数量按其投料程度和加工程度折算为相当的完工产品的数量，本月完工产品产量与月末在产品约当产量之和，称为约当总产量，简称约当产量。

该方法适用范围较广泛，适用于月末在产品数量较多而且各月末在产品数量变化也比较大，产品成本中原材料费用和工资等各成本项目所占比重相差不多的产品，因为只要企业能正

确统计月末在产品数量和正确估计月末在产品完工程度,就能比较客观准确地确定完工产品成本与月末在产品成本。

(2)计算

①月末在产品约当产量的计算

月末在产品约当产量的计算 = 月末在产品数量 × 在产品完工百分比

$$某项费用分配率 = \frac{月初在产品成本 + 本月生产费用}{完工产品产量 + 月末在产品约当产量}$$

完工产品应分配的费用 = 完工产品产量 × 该项费用分配率

月末在产品应分配的费用 = 月末在产品约当产量 × 该项费用分配率

注:投料程度或完工程度。

②在产品完工率的计算

在产品的完工程度:采用以下两种方法计算

第一种:按50%计算。如果企业生产进度比较均衡,各工序在产品数量和单位产品在各工序的加工量都差不多,后面各工序在产品多加工的程度可以抵补前面各工序少加工的程度,则全部在产品完工程度均可按50%平均计算。

第二种:按工序分别测定。如果月末在产品各工序加工数量不均衡,则必须根据各工序在产品的累计工时定额占完工产品工时定额的比例,分别计算各工序在产品的完工程度。此时完工率的计算公式为:

$$某道工序在产品完工率 = \frac{前面各工序工时定额之和 + 本工序工时定额 \times 50\%}{产品工时定额}$$

注:由于本道工序每件在产品的完工程度不同,为了简化完工率的测算,对本道工序的完工率一般不逐一测定,而平均按50%计算。

③在产品投料程度的确定

直接材料项目应根据月末在产品所耗用直接材料的投入程度计算约当产量。有以上四种情况:

第一:原材料在生产开始时一次投入,则每件在产品与完工产品消耗的原材料相同,即投料程度为100%。不论在产品完工程度如何,直接材料成本项目不需要计算在产品约当产量,可直接按完工产品产量和在产品实际数量的比例进行分配。

$$直接材料费用分配率 = \frac{直接材料费用}{完工产品产量 + 月末在产品数量}$$

第二:原材料随生产加工进度陆续投入,原材料投入的进度与加工进度完全一致或基本一致,则单件完工产品与不同完工程度的在产品所耗的原材料费用不相等。此时,在产品的投料程度与完工程度一致。

$$直接材料费用分配率 = \frac{直接材料费用}{完工产品产量 + 月末在产品约当产量}$$

第三:原材料随生产加工进度陆续投入,但与加工进度不一致,因此,必须计算投料程度。此时,投料程度按每一工序的原材料消耗定额计算。

$$某道工序在产品投料程度 = \frac{前面各工序材料消耗定额之和 + 本工序材料消耗定额 \times 50\%}{产品材料消耗定额}$$

第四:原材料分工序投入,并在每道工序开始时一次投入,其投料程度应按每一道工序原材料消耗定额计算,但是在同一工序内所有在产品的消耗定额均为该工序的消耗定额,不应按50%计算,最后一道工序所有在产品的消耗定额,就是该种完工产品的消耗定额,其投料程度为100%。

$$某道工序在产品投料程度 = \frac{到本道工序为止的累计材料消没有发生定额之和}{产品材料耗定额}$$

5. 在产品按完工产品计算

在产品按完工产品计价法是将在产品视同为完工产品分配费用的一种方法。这种方法适用于月末在产品已经接近完工或者产品已经完工,但尚未包装或尚未验收入库的产品。在这种情况下,为了简化核算工作,可以把在产品视同完工产品,按两者的数量比例分配各项生产费用。

6. 在产品按定额成本计价法

在产品按定额成本计价法是一种月末在产品以定额成本计价的方法。采用这种方法,可根据实际结存的在产品数量、投料和加工程度以及单位产品定额成本计算出月末在产品的定额成本,将其从月初在产品定额成本和本月生产费用之和中扣除,余额即为本月完工产品成本。将每月生产费用脱离定额的差异全部计入当月完工产品。

7. 定额比例法

(1)定额比例法是按完工产品和在产品的定额消耗量或定额费用的比例分配生产费用的方法。

采用该方法分配费用,必须分别按不同的成本项目进行分配。对于直接材料成本项目,如果只耗用一种材料,可按材料的定额耗用量比例进行分配;如果耗用的材料为两种或两种以上,由于各种直接材料的单位成本不可能完全相符,则应按定额费用的比例进行分配。对于直接人工和制造费用成本项目,可按定额工时比例分配,也可按定额费用比例分配。

(2)计算:

$$直接材料分配率 = \frac{月初在产品实际直接材料费用 + 本月实际发生直接材料费用}{完工产品定额直接材料费用 + 月末在产品定额直接材料费用}$$

$$直接人工分配率 = \frac{月初在产品实际直接人工费用 + 本月实际发生直接人工费用}{完工产品定额工时 + 月末在产品定额工时}$$

$$制造费用分配率 = \frac{月初在产品实际制造费用 + 本月实际发生制造费用}{完工产品定额工时 + 月末在产品定额工时}$$

四、完工产品成本的核算

制造企业生产产品发生的各项生产费用,在各种产品之间进行了分配,并在此基础上,又在同种产品的完工产品和月末在产品之间进行了分配,然后就可以计算出各种完工产品的实际总成本和单位成本了。

制造企业的完工产品,包括产成品、自制材料、自制工具和模具等,经产成品仓库验收入库后,其成本从"生产成本——基本生产成本"账户的贷方转入各有关账户的借方,其中完工入库产成品的成本应转入"库存商品"的借方,完工入库自制半成品、自制材料、自制工具、模具等的成本应分别转入"自制半成品""原材料""周转材料"等账户的借方。"生产成本——基本生产成本"账户的期末余额是已经生产尚未加工完成的各种在产品成本。

第二节 实训内容

实训一 生产费用的分配方法——约当产量法

一、实训资料

朗华公司生产甲、乙、丙、丁四种产品,2010年10月份月初及本月生产费用、生产量、定额、工时等资料如表所示。

1. 月初在产品成本及本月生产费用情况

表6-1-1

各种产品月初在产品成本表

2010年10月　　　　　　　　　　　　　　　　　　　　　单位:元

项目	月初在产品成本			
	甲	乙	丙	丁
直接材料	2,330	125,000	61,800	58,000
直接人工	1,100	12,300	9,000	12,300
制造费用	650	21,500	15,200	23,300
合计	4,080	158,800	86,000	93,600

表6-1-2

各种产品本月生产费用表

2010年10月　　　　　　　　　　　　　　　　　　　　　单位:元

项目	本月生产费用			
	甲	乙	丙	丁
直接材料	4,570	575,000	103,200	290,000
直接人工	3,188	98,060	40,000	22,500
制造费用	2,298	196,550	24,000	46,300
合计	10,056	869,610	167,200	358,800

2. 各种产品产量及完工情况

(1)甲产品原材料系在生产开始时一次投入,本月完工产品110件,月末在产品40件,月末在产品完工程度为60%。

(2)乙产品分两道工序制成,原材料系在生产开始时一次投入,本月完工产品670件,每道工序的工时定额及在产品的数量如表6-1-3所示,每道工序结存的在产品在本工序的完工程度均为50%。

表6-1-3

工时定额及在产品的数量表

乙产品	工时定额(小时)	在产品数量(件)
第一道工序	30	280
第二道工序	20	170
合计	50	450

(3)丙产品分两道工序制成,原材料随加工进度在生产过程中陆续分次投入,且在每道工序开始时一次投入,本月完工产品390件,每道工序在产品的数量、材料定额及工时定额如表

6-1-4所示,每道工序结存的在产品在本工序的完工程度均为50%。

表6-1-4

材料、工时定额及在产品的数量表

丙产品	材料定额(千克)	工时定额(小时)	在产品数量(件)
第一道工序	350	60	120
第二道工序	150	40	80
合　计	500	100	200

(4)丁产品分两道工序制成,原材料随加工进度在生产过程中陆续分次投入的,其投入程度与完工程度相近,本月完工产品100件,每道工序在产品的数量及完工率如表6-1-5所示。

表6-1-5

在产品的数量及在产品完工率表

丁产品	在产品数量(件)	在产品完工率(%)
第一道工序	10	20%
第二道工序	20	70%
合　计	30	—

二、实训要求

(1)根据以上资料,采用约当产量法分别计算甲、乙、丙、丁四种产品的成本。

(2)根据在产品数量和相关定额资料计算各工序在产品投料率和完工率,编制相应的约当产量计算表。

(3)根据约当产量计算表和生产成本明细账中的相关资料,编制产品成本计算单。

(4)根据编制的产品成本计算单编制记账凭证,登记有关产品成本明细账,并进行结转。

(5)实训过程中计算结果,分配率保留四位小数,金额保留两位小数。

三、实训用表

表6-1-6

产品成本计算单

2010年10月

完工产品数量:110件
在产品数量:40件

产品名称:甲产品　　　　　　　　　　　　　　　　　　　　单位:元

摘　要	成本项目			合　计
	直接材料	直接人工	制造费用	
月初在产品成本				
本月发生费用				

续表 6-1-6

摘要		成本项目			合计
		直接材料	直接人工	制造费用	
生产费用合计					
产品产量	完工产品数量				
	在产品约当产量				
	合计				
完工产品单位成本					
结转完工产品成本					
月末在产品成本					

表 6-1-7

乙产品在产品约当产量计算表
2010 年 10 月

乙产品	工时定额(小时)	在产品数量(件)	完工程度(%)	在产品约当产量(件)
第一道工序				
第二道工序				
合计				

表 6-1-8

产品成本计算单
2010 年 10 月

完工产品数量:670 件
在产品数量:450 件

产品名称:乙产品　　　　　　　　　　　　　　　　　　　　　　单位:元

摘要		成本项目			合计
		直接材料	直接人工	制造费用	
月初在产品成本					
本月发生费用					
生产费用合计					
产品产量	完工产品数量				
	在产品约当产量				
	合计				
完工产品单位成本					
结转完工产品成本					
月末在产品成本					

表 6-1-9

丙产品原材料在产品约当产量计算表
2010 年 10 月

丙产品	材料定额(千克)	在产品数量(件)	完工程度(%)	在产品约当产量(件)
第一道工序				
第二道工序				
合 计				

表 6-1-10

丙产品加工费用在产品约当产量计算表
2010 年 10 月

丙产品	工时定额(小时)	在产品数量(件)	完工程度(%)	在产品约当产量(件)
第一道工序				
第二道工序				
合 计				

表 6-1-11

产品成本计算单
2010 年 10 月

完工产品数量:390 件
在产品数量:200 件

产品名称:丙产品

单位:元

摘 要		成本项目			合 计
		直接材料	直接人工	制造费用	
月初在产品成本					
本月发生费用					
生产费用合计					
产品产量	完工产品数量				
	在产品约当产量				
	合 计				
完工产品单位成本					
结转完工产品成本					
月末在产品成本					

表6-1-12

丁产品在产品约当产量计算表
2010年10月

丁产品	在产品数量(件)	在产品完工率(%)	在产品约当产量(件)
第一道工序			
第二道工序			
合计			

表6-1-13

产品成本计算单
2010年10月

完工产品数量:100件
在产品数量:30件

产品名称:丁产品 单位:元

摘要		成本项目			合计
		直接材料	直接人工	制造费用	
月初在产品成本					
本月发生费用					
生产费用合计					
产品产量	完工产品数量				
	在产品约当产量				
	合计				
完工产品单位成本					
结转完工产品成本					
月末在产品成本					

实训二 生产费用的分配方法——定额比例法

一、实训资料

顺达公司2010年10月份生产丙产品,该产品月初及本月生产费用、有关定额等资料如下表所示。

表 6-2-1

月初及本月生产费用、定额表

2010 年 10 月　　　　　　　　　　　　　　　　　　　单位:元

成本项目	月初在产品成本		本月发生费用	
	定额	实际	定额	实际
直接材料	8,000 元	8,000	25,000 元	26,000
直接人工	3 500 小时	3,000	7 000 小时	18,000
制造费用		2,200		14,000
合　计		13,200		58,000

丙产品本月完工产品 600 件,月末在产品 100 件。产品有关定额资料见表 6-2-2 所示。

表 6-2-2

产品有关定额资料表

2010 年 10 月

项目	完工产品	月末在产品	合　计
原材料定额费用(元)	28,000	5,000	33,000
定额工时(小时)	9 000	1 500	10 500

二、实训要求

登记并产品生产成本明细账,计算完工产品及月末在产品成本。

三、实训用表

表 6-2-3

产品成本计算单

2010 年 10 月

　　　　　　　　　　　　　　　　　　　　　　　　完工产品数量:600 件
　　　　　　　　　　　　　　　　　　　　　　　　在产品数量:100 件
产品名称:丙产品　　　　　　　　　　　　　　　　　　　　　　单位:元

摘　要		成本项目			合　计
		直接材料	直接人工	制造费用	
月初在产品	定额				
	实际				
本月发生费用	定额				
	实际				

续表 6-2-3

摘　要		成本项目			合　计
		直接材料	直接人工	制造费用	
生产费用合计	定额				
	实际				
费用分配率（单位成本）					
完工产品成本	定额				
	实际				
月末在产品成本	定额				
	实际				

实训三　生产费用的分配方法——定额成本计算法

一、实训资料

宏达公司 2010 年 10 月份生产甲、乙两种产品，该产品月初及本月生产的有关生产量、费用、定额等资料如下表所示。

表 6-3-1

产量记录表

2010 年 10 月

产　品	月初在产品	本月投产	本月完工	月末在产品
甲产品	600	1 800	1 900	500
乙产品	550	950	900	600

表 6-3-2

月末在产品定额成本资料表

2010 年 10 月

项　目		直接材料	直接人工	制造费用	单位成本
单位消耗定额	甲产品	31 千克	32.5 小时	32.5 小时	—
	乙产品	55.4 千克	50 小时	50 小时	—
计划单价	甲产品	2.5	0.9	1.1	142.5
	乙产品	1.25	0.995	1.25	181.50

表6-3-3

月初在产品成本及本月发生的费用表
2010年10月

单位:元

项目		直接材料	直接人工	制造费用	合 计
月初在产品成本	甲产品	74,800	20,500	25,900	121,200
	乙产品	76,200	26,700	31,900	134,800
本月发生的费用	甲产品	125,450	62,525	85,075	273,050
	乙产品	107,550	74,250	92,000	273,800

二、实训要求

月末在产品按定额成本计算。登记甲、乙产品成本明细账表6-3-4、表6-3-5,计算完工产品的总成本和单位成本。

三、实训用表

表6-3-4

产品成本计算单
2010年10月

完工产品数量:900件
在产品数量:500件

产品名称:产品

单位:元

摘　要	成本项目			合　计
	直接材料	直接人工	制造费用	
月初在产品				
本月发生费用				
生产费用合计				
完工产品成本				
完工产品单位成本				
月末在产品成本(定额成本)				
月末在产品成本(单位定额成本)				

表6-3-5

产品成本计算单
2010年10月

完工产品数量:900件
在产品数量:600件

产品名称:产品　　　　　　　　　　　　　　　　　　　　单位:元

摘　要	成本项目			合　计
	直接材料	直接人工	制造费用	
月初在产品				
本月发生费用				
生产费用合计				
完工产品成本				
完工产品单位成本				
月末在产品成本(定额成本)				
月末在产品成本(单位定额成本)				

实训四　生产费用的分配方法——按所耗直接材料费用计算法

一、实训资料

康达公司生产的铸铁件(甲产品)的直接材料费用在产品成本中所占比重较大,在产品按所耗直接材料费用计算,甲产品的原材料系在生产开始时一次投入。2010年10月,该产品有关产量及费用资料如表6-4-1所示。

表6-4-1

产品产量及费用表

产品名称:铸铁件(甲产品)　　　2010年10月

项　目	月初在产品		本月发生		月末完工产品	月末在产品
	数量(件)	成本(元)	投产数量(件)	生产费用(元)	数量(件)	数量(件)
直接材料		5,200		9,920		
直接人工				400		
制造费用				600		
合　计	40		80	10,920	100	20

二、实训要求

根据上述资料,填制铸铁件(甲产品)产品成本计算单,计算月末在产品及完工产品成本。

三、实训用表

表6-4-2

产品成本计算单
2010年10月

完工产品数量:100件
在产品数量:20件
产品名称:铸铁件(甲产品)　　　　　　　　　　　　　　　　　　　　单位:元

摘　要	直接材料	直接人工	制造费用	合　计
月初在产品成本				
本月发生费用				
生产费用合计				
完工产品成本				
产品单位成本				
月末在产品成本				

第七章 成本计算品种法

第一节 学习要点

一、品种法的特点和范围

产品成本计算的品种法是以产品的品种作为成本计算的对象,按照产品品种开设明细账,归集费用、计算产品成本的一种方法。品种法适用于大量大批的单步骤生产,或虽为多步骤生产,但管理上不要求按生产步骤计算产品成本的企业。

二、品种法的成本计算程序

采用品种法计算产品成本时,一般程序如下:
(1)分配各项要素费用,编制各种要素费用分配表,并根据各分配表作有关会计分录;
(2)核算在产品和存货的盘盈、盘亏或毁损的价值;
(3)归集和分配辅助生产费用,编制辅助生产费用分配表,并作相关的账务处理;
(4)归集和分配基本生产车间的制造费用,并作相关的账务处理;
(5)归集和分配可修复废品的修复费用和不可修复废品的报废损失,并作相关的账务处理;
(6)计算完工产品成本和月末在产品成本;
(7)编制产成品成本汇总表;
(8)登记有关总账,并将总账科目余额与所属明细科目余额进行核对。

第二节 实训内容

一、企业基本简况

天华股份有限公司为生产办公纸的一家造纸企业,共生产办公纸、新闻纸两种产品,在同一基本生产车间完成,属于简单大批量生产。企业拥有两个辅助生产车间,即供气车间和供水车间,由于车间规模小,发生制造费用较少,不单独开设辅助生车间的"制造费用"明细账,所发生的费用直接记入"辅助生产成本明细账"。该企业采用品种法计算产品成本。

二、实训资料

(一)该企业2009年6月份期初有关资料

表 7-1-1

本月产品产量及工时资料

产品名称	月初在产品	本月投产	本月完工产量	月末在产品	生产工时(小时)
办公纸	40	200	200	40	15 000
新闻纸	60	100	120	40	10 000

表 7-1-2

本月期初在产品成本

单位:元

产品名称	直接材料	燃料及动力	直接人工	制造费用	合 计
办公纸	2,100	260	3,400	3,180	8,940
新闻纸	7,360	280	4,860	4,368	16,868

表 7-1-3

辅助生产车间对外劳务量

部 门	供气车间	供水车间
基本生产车间	5 400 立方米	12 000 吨
管理部门	1 500 立方米	8 000 吨

(二)企业 2009 年 6 月发生的业务

(1)材料发出汇总表

生产办公纸直接耗用 750 千克,新闻纸直接耗用 600 千克,两种产品共同耗用 1 890 千克,供气车间耗用 100 千克,基本生产车间机物料耗用 50 千克,管理部门一般耗用 30 千克。原材料单价为 8 元/千克。在共同性耗用原材料时,办公纸消耗定额为 5 千克、新闻纸消耗定额为 8 千克。两种产品产量分别是 200 千克、100 千克,按定额耗用量比例分配共同耗用的原材料。

(2)本月电费 4,200 元

表 7-1-4

用电量分配表

生产动力耗用量	4 400 度
基本生产车间耗用量	200 度
供气车间耗用量	1 000 度
供水车间耗用量	100 度
管理部门耗用量	300 度
合 计	6 000 度

生产动力用电按产品的生产工时进行分配。

(3)职工薪酬资料如表7-1-5

表7-1-5

职工薪酬分配表

生产工人	45,600 元
基本生产车间技术人员	5,700 元
供气车间	7,980 元
供水车间	10,260 元
管理部门	17,100 元
合　　计	86,640 元

(4)本月固定资产折旧情况

企业上月折旧额:基本生产车间8,600元,供气车间3,200元,供水车间4,700元,行政管理部门5,100元。

上月增加的固定资产:基本生产车间80,000元,年折旧率12%,供水车间增加汽车一辆价值70,000元,年折旧率14.4%。

上月减少的固定资产:基本生产车间报废在用的机器一台,原值60,000元,年折旧率7.2%,行政管理部门报废在用的电子设备一台,原值45,000元,年折旧率16.8%。

(5)本月以存款支付的其他费用如表7-1-6

表7-1-6

其他费用表

单位:元

项目	基本生产车间	供气车间	供水车间	管理部门	合计
财产保险费	1,500	700	500	800	3,500
房租费	800	200	1,200	1,000	3,200
办公费	110	170	130	620	1,030
其他费用	30	50	100	120	300
合计	2,440	1,120	1,930	2,540	8,030

三、实训要求

(1)根据所生产的产品开设办公纸、新闻纸成本明细账。

(2)按辅助生产车间开设辅助生产成本明细账。

(3)根据本月所发生的各项经济业务,填制记账凭证,并以此登记明细账和总账(记账凭证和账簿见本书最后附加部分)。

(4)为简化成本计算工作,辅助生产费用采用直接分配法分配。

(5)对两种产品共同耗用的材料根据定额耗用量比例分配,生产工人薪酬、制造费用按生产工时比例分配。

(6)对月末完工产品与月末在产品费用的分配:办公纸月末在产品数量变化较小,月末采用按固定成本计价;新闻纸在月末时采用约当产量法计算完工产品与月末在产品成本。投料方式为生产开始时一次投入,在产品完工程度按50%计算。

四、实训用表

表7-1-7

材料费用分配表

年　　月　　　　　　　　　　　　　　　　　　　　　　　　　单位:元

借方科目		直接耗用材料	共同耗用材料					材料费用合计
			产量	消耗定额	定额耗用量	分配率	应分配费用	
基本生产成本	办公纸							
	新闻纸							
	小　计							
辅助生产成本	供气车间							
	供水车间							
	小　计							
制造费用——基本车间								
管理费用								
合　　计								

表7-1-8

动力费用分配表

年　　月　　　　　　　　　　　　　　　　　　　　　　　　　单位:元

借方科目		动力费用分配			电费分配	
		生产工时	定额耗用量	分配率	用电度数	分配金额
基本生产成本	办公纸					
	新闻纸					
	小计					
辅助生产成本	供气车间					
	供水车间					
	小　计					

续表 7-1-8

借方科目	动力费用分配			电费分配	
	生产工时	定额耗用量	分配率	用电度数	分配金额
制造费用——基本车间					
管理费用					
合　计					

表 7-1-9

应付职工薪酬费用分配表

年　月　　　　　　　　　　　　　　　　单位：元

借方科目		分配生产工人薪酬			薪酬合计
		生产工时	分配率	分配金额	
基本生产成本	办公纸				
	新闻纸				
	小　计				
辅助生产成本	供气				
	供水				
	小　计				
制造费用——基本车间					
管理费用					
合　计					

表7-1-10

折旧费用分配表

年　月　　　　　　　　　　　　　　　　　　　单位：元

借方科目		5月份折旧额	5月份增加固定资产折旧额	5月份减少固定资产折旧额	6月份(本月)折旧额
辅助生产成本	供气				
	供水				
	小计				
制造费用——基本车间					
管理费用					
合　计					

表7-1-11

辅助生产费用分配表

年　月　　　　　　　　　　　　　　　　　　　单位：元

辅助车间		供气车间	供水车间	合　计
对外劳务量				
分配率				
制造费用——基本生产车间	劳务量			
	金额			
管理费用	劳务量			
	金额			
合　计				

表7-1-12

基本生产车间制造费用分配表

年　月　　　　　　　　　　　　　　　　　　　单位：元

借方科目		分配标准(生产工时)	分配率	分配金额
基本生产成本	办公纸			
	新闻纸			
合　计				

表7-1-13

辅助生产成本明细账

年　月

车间名称：　　　　　　　　　　　　　　　　　　　　　　　　　　　　　　　　　　　　单位：元

年		摘　要								合计	转出	余额
月	日											

表 7-1-14

辅助生产成本明细账

年 月

车间名称: 单位:元

年		摘要							合计	转出	余额
月	日										

表 7-1-15

制造费用明细账

车间名称： 单位:元

年		摘要							合计	转出	余额
月	日										

表7-1-16　基本生产成本明细账（产品成本计算表）

基本生产成本明细账

车间名称：基本生产车间　　　　　　　　　　　　　　　　　完工产量：200件
产品名称：办公纸　　　　　　　2009年6月　　　　　　　在产品产量：40件

年		摘　要	直接材料	燃料及动力	直接人工	制造费用	合　计
月	日						

表7-1-17　基本生产成本明细账（产品成本计算表）

基本生产成本明细账

车间名称：基本生产车间　　　　　　　　　　　　　　　　　完工产量：200件
产品名称：新闻纸　　　　　　　2009年6月　　　　　　　在产品产量：40件
　　　　　　　　　　　　　　　　　　　　　　　　　　　　加工程度：50%
　　　　　　　　　　　　　　　　　　　　　　　　　　　原材料在生产开始时一次投入

年		摘　要	直接材料	燃料及动力	直接人工	制造费用	合　计
月	日						

表7-1-18

完工产品成本汇总计算表

单位：元

成本项目 \ 产品	办公纸		新闻纸		合　计
	总成本	单位成本	总成本	单位成本	
直接材料					
燃料及动力					
直接人工					
制造费用					
合计					

第八章 成本计算分步法

第一节 学习要点

一、产品成本的分步法

产品成本的分步法是以产品的品种及所经过的生产步骤作为成本计算的对象,归集生产费用,计算各种产品及各步骤成本的一种方法。

二、产品成本计算的分步法适用范围

分步法适用于大量大批多步骤生产的企业。

三、分步法的特点

分步法的成本计算对象是每种产品以及每种产品所经过的生产步骤;凡直接费用,应直接记入各步骤成本计算单中,间接费用则应先行归集,然后再采用适当的方法,分配记入各步骤成本计算单中。成本计算一般是定于月末进行。

在实际工作中,由于成本管理的不同要求,分步法在结转各步骤成本时,又存在逐步结转分步法和平行结转分步法两种方法。而逐步结转分步法按照半成品在下一步骤成本计算单中的反映方法不同,又可分为综合结转分步法和分项结转分步法两种。

1. 逐步结转分步法

逐步结转分步法,也称计算半成品成本法。是逐步计算、逐步结转半成品成本,最后计算出产成品成本的一种方法,也称逐步计算半成品成本的分步法。由于半成品实物的转移有两种形式,即直接结转和通过半成品仓库收发,因而,半成品成本的结转程序也有直接结转和不直接结转两种。

采用逐步结转分步法计算产品成本时,不论半成品实物是否通过半成品仓库收发,其成本最终要随实物一起转移到下一步骤的产品成本明细账中。按照结转的半成品成本在下一步骤产品成本明细账中的反映方式,可以分为综合结转和分项结转两种方法。

2. 平行结转分步法

平行结转分步法,也称不计算半成品成本法。它是指各生产步骤不计算自制半成品成本,也不结转半成品成本,只计算本步骤直接发生的各项费用及其应计入最终产成品成本中的份额,并将其平行地结转到产成品成本,汇总计算最终产成品成本的一种成本计算方法。

平行结转分步法下各步骤完工成品和在产品的概念不同于逐步结转法。在逐步结转分步法下,前面生产步骤的完工产品是指完工的半成品,最后步骤的完工产品是产成品;而平行结转分步法下,各生产步骤的完工产品都是指产成品。在逐步结转分步法下,各生产步骤的在产品都是指本生产步骤正在加工中的在产品,即狭义的在产品;而平行结转分步法下,各生产步骤的在产品都是指广义的在产品(最后一个步骤的在产品是狭义的在产品)。

其中:

某步骤应计入产品成本中的份额 = 该步骤半成品单位成本

某步骤半成品单位成本 = (该步骤月初在产品成本 + 该步骤本月发生的生产费用) ÷ 该

步骤完工产品数量(约当产量)

某步骤完工产品数量(约当产量) = 本月完工产品数量 + 该步骤月末在产品数量 + 该步骤已经完工留存在半成品库和以后各步骤月末半成品数量

第二节 实训内容

实训一 综合结转分步法

一、企业基本简况

天华股份有限公司是一家生产单件小批钢材的国有企业。钢材产品的生产过程分为三个生产步骤,所以企业按照生产步骤设置生产车间。每一步骤生产的半成品既可以用于下一步骤的生产,也可以对外销售。每一生产步骤所生产的半成品按综合成本,直接移交下一步骤继续生产,在最后一个步骤生产完工后的产成品,经验收合格后送交成品库,原材料是在每一生产步骤开始时一次投入,其他费用陆续发生,各车间生产费用在完工产品和月末在产品之间的分配采用约当产量法。

二、实训资料

该企业2009年6月份相关资料如表8-1-1至表8-1-2。

各车间产量记录如表8-1-1

表8-1-1

产品产量及在产品完工程度

2009年6月

车间名称	在产品数量	本月投入数量	本月完工数量	月末在产品数量	在产品完工程度
第一生产车间	40	80	100	20	50%
第二生产车间	50	100	120	30	50%
第三生产车间	80	130	160	50	60%

表8-1-2

月初在产品成本与本月发生各项生产费用

2009年6月   单位:元

项目	车间名称	直接材料	燃料及动力	直接人工	制造费用	合计
月初在产品成本	第一生产车间	1,800	600	1,000	700	4,100
	第二生产车间	2,500	915	1,125	875	5,415
	第三生产车间	7,170	1,250	1,360	1,320	11,100
本月发生生产费用	第一生产车间	24,600	8,750	7,580	3,920	44,850
	第二生产车间		3,000	2,250	1,150	6,400
	第三生产车间		5,400	3,200	2,100	10,700

三、实训要求

(1)采用分项结转分步法进行成本核算,并进行成本还原。
(2)设置基本生产成本明细账、编制生产成本还原计算表。
(3)根据各项费用资料,按原始成本项目编制产品成本计算单。
(4)计算结果:分配率保留1位小数,金额数据保留2位小数,成本还原分配率保留4位小数。

四、实训用表

表 8-1-3

第一步骤产品成本计算单

车间名称:第一生产车间　　　　2009年6月　　　　　　　　单位:元

项目		直接材料	燃料及动力	直接人工	制造费用	合计
月初在产品成本						
本月发生生产费用						
合计						
产品产量	完工产品产量					
	在产品约当产量					
	合计					
单位成本						
转出半成品成本						
月末在产品成本						

表 8-1-4

第二步骤产品成本计算单

车间名称:第二生产车间　　　　2009年6月　　　　　　　　单位:元

项目		直接材料	燃料及动力	直接人工	制造费用	合计
月初在产品成本						
本月发生生产费用						
合计						
产品产量	完工产品产量					
	在产品约当产量					
	合计					
单位成本						
转出半成品成本						
月末在产品成本						

表 8-1-5

第三步骤产品成本计算单

车间名称:第三生产车间　　　　2009 年 6 月　　　　　　　　单位:元

项　目		直接材料	燃料及动力	直接人工	制造费用	合　计
月初在产品成本						
本月发生生产费用						
合　计						
产品产量	完工产品产量					
	在产品约当产量					
	合　计					
单位成本						
转出完工产成品成本						
月末在产品成本						

表 8-1-6

产品成本还原计算表
2009 年 6 月
（按半成品各成本项目占全部成本的比重还原）

单位：元

	成本项目	还原前成本	本月生产	还原分配率（%）	半成品成本还原	还原后总成本	还原后单位成本
按第二步骤半成品结构进行还原	直接材料						
	半成品						
	燃料及动力						
	直接人工						
	制造费用						
	合　计						
按第一步骤半成品结构进行还原	直接材料						
	半成品						
	燃料及动力						
	直接人工						
	制造费用						
	合　计						

表8-1-7

产品成本还原计算表

2009年6月

(按各步骤耗用半成品的总成本占上一步骤完工半成品总成本比重还原)

单位：元

	成本项目	还原前成本	本月生产	还原分配率(%)	半成品成本还原	还原后总成本	还原后单位成本
按第二步骤半成品结构进行还原	直接材料						
	半成品						
	燃料及动力						
	直接人工						
	制造费用						
	合　计						
按第一步骤半成品结构进行还原	直接材料						
	半成品						
	燃料及动力						
	直接人工						
	制造费用						
	合　计						

实训二 分项结转分步法

一、实训资料

以实训一综合结转分步法的企业为例子,该企业按照生产步骤设置生产车间。每一步骤生产的半成品既可以用于下一步骤的生产,也可以对外销售。每一生产步骤所生产的半成品按原始成本项目,直接移交下一步骤继续生产,其他条件不变。

二、实训要求

(1)采用分项结转分步法进行成本核算。
(2)设置基本生产成本明细账。
(3)根据各项费用资料,编制产品成本计算单。
(4)计算结果:分配率保留1位小数,金额数据保留2位小数。

三、实训用表

表8-2-1

第一步骤产品成本计算单

车间名称:第一生产车间　　　　2009年6月　　　　　　　　　单位:元

项目		直接材料	燃料及动力	直接人工	制造费用	合计
月初在产品成本						
本月发生生产费用						
合计						
产品产量	完工产品产量					
	在产品约当产量					
	合计					
单位成本						
转出半成品成本						
月末在产品成本						

表8-2-2

第二步骤产品成本计算单

车间名称:第二生产车间　　　　2009年6月　　　　　　　　　单位:元

项目	直接材料	燃料及动力	直接人工	制造费用	合计
月初在产品成本					
上一步骤转入					
本月发生生产费用					
合计					

续表 8-2-2

项　目		直接材料	燃料及动力	直接人工	制造费用	合　计
产品产量	完工产品产量					
	在产品约当产量					
	合　计					
单位成本						
转出半成品成本						
月末在产品成本						

表 8-2-3

第三步骤产品成本计算单

车间名称：第三生产车间　　　　2009年6月　　　　　　　　单位：元

项　目		直接材料	燃料及动力	直接人工	制造费用	合　计
月初在产品成本						
上一步骤转入						
本月发生生产费用						
合　计						
产品产量	完工产品产量					
	在产品约当产量					
	合　计					
单位成本						
转出半成品成本						
月末在产品成本						

实训三　平行结转分步法

一、企业基本简况

天华股份有限公司是生产电冰箱的企业，主要产品为立式双门和立式三门电冰箱。设有两个基本生产车间：加工车间和组装车间；两个辅助生产车间：动力车间和运输车间。加工车间负责电冰箱床身、通用零件等的加工，组装车间将加工车间转来的各种零件及外购的其他配件和包装箱组装成机，并验收入库。

该企业产品成本计算的方法是采用的平行结转分步法。各步骤生产费用在完工产品与月末在产品之间的分配采用约当产量法，完工产品是指最后移交的产成品，月末在产品是指广义的在产品。加工车间的原材料是在生产开始时一次投入，月末在产品完工程度按50%计算。辅助生产车间不设置"制造费用"账户，月末均按直接分配法分配辅助生产费用。

二、实训资料

（一）月初在产品资料

表8－3－1

期初在产品成本表
2009年6月　　　　　　　　　　　　　　　　　　　　单位：元

车间		成本项目			
		直接材料	直接人工	制造费用	合　计
加工车间	立式双门电冰箱	75,600	3,800	11,200	90,600
	立式三门电冰箱	62,300	3,500	9,850	75,650
组装车间	立式双门电冰箱		2,930	8,900	11,830
	立式三门电冰箱		2,800	8,540	11,340

表8－3－2

产量统计表
2009年6月　　　　　　　　　　　　　　　　　　　　单位：台

车间		月初在产品数量	本月投入	本月完工转下一步骤	月末在产品
加工车间	立式双门电冰箱	2	4	5	1
	立式三门电冰箱	1	4	3	2
组装车间	立式双门电冰箱	1	5	5	1
	立式三门电冰箱	2	3	4	1

（二）2009年6月份发生的各项生产费用

(1) 材料费用。

表8－3－3

材料费用分配表
2009年6月　　　　　　　　　　　　　　　　　　　　单位：元

应借科目		材料名称	主要材料	外购件	毛坯	辅助材料	合计
基本生产成本	加工车间	立式双门电冰箱	56,612	27,388	227,756		311,756
		立式三门电冰箱	43,948	22,528	135,428		201,904
		小　计	100,560	49,916	363,184		513,660
	组装车间	立式双门电冰箱					
		立式三门电冰箱					
		小　计					

续表 8-3-3

应借科目	材料名称	主要材料	外购件	毛坯	辅助材料	合计
辅助生产成本	动力车间				4,100	4,100
	运输车间				2,200	2,200
	小 计				6,300	6,300
制造费用	加工车间				10,520	10,520
	组装车间				7,800	7,800
	小 计				18,320	18,320
管理费用					1,800	1,800
销售费用					26,200	26,200
合 计		100,560	49,916	363,184	52,620	566,280

（2）职工薪酬。

表 8-3-4

应付职工薪酬分配表

2009 年 6 月　　　　　　　　　　　　　　　　　单位：元

部门		职工薪酬				代扣款项			实发金额
		基础工资	各种津贴	奖金	小计	住房公积	养老保险	小计	
基本生产车间	加工车间 生产工人	18,201	2,563	3,211	23,975	1,918	1,678.25	3,596.25	20,378.75
	加工车间 管理人员	1,520	522	450	2,492	199.36	174.44	373.80	2,118.20
	组装车间 生产工人	11,020	2,230	3,125	16,375	1,310	1,146.25	2,456.25	13,918.75
	组装车间 管理人员	1,452	496	456	2,404	192.32	168.28	360.60	2,043.40
辅助生产	动力车间	8,896	1,253	896	11,045	883.60	773.15	1,656.75	9,388.25
	运输车间	7,584	1,052	885	9,521	761.68	666.47	1,428.15	8,092.85
管理部门		2,963	550	693	4,206	336.48	294.42	630.9	3,575.1
销售部门		3,200	1,200	1,300	5,700	456	399	855	4,845
合 计		54,836	9,866	11,016	75,718	6,057.44	5,300.26	11,357.7	64,360.3

（3）固定资产折旧费。

该企业固定资产原值表 8-3-5，采用分类折旧率，机器设备的月折旧率为 1.5%，访房屋建筑物的月折旧率 0.6%。

表 8-3-5

固定资产原值明细表

2009 年 6 月   单位：元

车间、部门			固定资产原值
基本生产车间	加工车间	机器设备	295,621
		房屋建筑物	100,000
		小　计	395,621
	组装车间	机器设备	256,460
		房屋建筑物	150,000
		小　计	406,460
辅助生产车间	动力车间	机器设备	285,600
		房屋建筑物	150,000
		小　计	435,600
	运输车间	机器设备	102,000
		房屋建筑物	120,000
		小　计	222,000
管理部门		机器设备	30 000
		房屋建筑物	352,000
		小　计	382,000
销售部门		机器设备	10,000
		房屋建筑物	100,000
		小　计	110,000
合　计			1,951,681

（4）以银行存款支付外购水费 17,301 元，电费 115,312 元。（结算凭证略）

表 8-3-6

水、电用量明细表

2009 年 6 月

部　门		用电度数（度）	用水数量（吨）
基本生产车间	加工车间	99 020	1 520
	组装车间	30 820	1 230
辅助生产车间	动力车间	4 800	347
	运输车间	5 200	1 680
管理部门		2 000	540
销售部门		2 300	450
合　计		144 140	5 767

(5)企业本月以银行存款支付其他费用。

表8-3-7

其他费用明细表
2009年6月　　　　　　　　　　　　　　　　　　　　　　　　单位:元

车间、部门		成本或费用项目							合计
		办公费	劳保费	差旅费	税金	运输费	广告费	其他	
基本生产车间	加工车间	490	1,100					240	1,830
	组装车间	430	1,300					230	1,960
辅助生产车间	动力车间	260						330	590
	运输车间	320						240	560
管理部门		3,100		1,120	1 200			720	6,140
销售费用						4,200	2,100	1,100	7,400
合　计		4,600	2,400	1,120	1,200	4,200	2,100	2,860	18,480

(6)辅助生产费用。

表8-3-8

劳务供应量汇总表
2009年6月

受益部门 \ 辅助生产	动力车间(小时)	运输车间(公里)
加工车间	4 100	4 200
组装车间	3 200	3 900
管理部门	500	2 600
销售部门	400	1 300
合　计	8200	12 000

三、实训要求

(1)按产品及生产步骤设置"基本生产成本明细账",按车间设置"辅助生产成本"、"制造费用"明细账。

(2)编制各种费用明细表,填制记账凭证,登记有关账簿。

(3)月末采用直接分配法,分配辅助生产费用,填制记账凭证,登记有关账簿(记账凭证与账簿见本书最后的附件部分)。

(4)月末采用生产工时分配法分配并结转基本生产车间的制造费用,登记有关账簿。

(5)按平行结转法计算本月产品成本,登记有关账簿及成本计算单。

(6)计算结果:分配率保留4位小数,分配金额保留2位小数。

四、实训用表

材料费用均为直接费用,可直接记入各种产品成本计算单中,见表8-3-3。

表8-3-9

职工薪酬费用分配表

2009年6月 单位:元

应借记科目			薪酬总额			合 计
			工时	分配率	金额	
基本生产车间	加工车间	生产工人	立式双门电冰箱			
			立式三门电冰箱			
			小 计			
		管理人员				
	组装车间	生产工人	立式双门电冰箱			
			立式三门电冰箱			
			小 计			
		管理人员				
辅助生产车间	动力车间					
	运输车间					
管理部门						
销售部门						
小 计						

主管: 审核: 记账:

表8-3-10

固定资产折旧计算表

2009年6月 单位:元

车间、部门			固定资产原值	月折旧率(%)	本月折旧额
基本生产车间	加工车间	机器设备			
		房屋建筑物			
		小 计			
	组装车间	机器设备			
		房屋建筑物			
		小 计			

续表 8-3-10

车间、部门		固定资产原值	月折旧率(%)	本月折旧额
辅助生产车间	动力车间 机器设备			
	动力车间 房屋建筑物			
	动力车间 小　计			
	运输车间 机器设备			
	运输车间 房屋建筑物			
	运输车间 小　计			
管理部门	机器设备			
	房屋建筑物			
	小　计			
销售部门	机器设备			
	房屋建筑物			
	小　计			
合　计				

主管：　　　　　　　审核：　　　　　　　记账：

表 8-3-11

水费分配表

2009 年 6 月　　　　　　　　　　　　　　　　单位：元

部　门		用水数量(吨)	分配金额（分配率）
基本生产车间	加工车间		
	细装车间		
辅助生产车间	动力车间		
	运输车间		
管理部门			
销售部门			
合　计			

主管：　　　　　　　审核：　　　　　　　记账：

表 8-3-12

电费分配表

2009 年 6 月　　　　　　　　　　　　　　　　　　　　单位:元

部　　门		用电数量(度)	分配金额 (分配率)
基本生产车间	加工车间		
	细装车间		
辅助生产车间	动力车间		
	运输车间		
管理部门			
销售部门			
合　　计			

主管:　　　　　　　审核:　　　　　　　记账:

表 8-3-13

辅助生产费用分配表

2009 年 6 月　　　　　　　　　　　　　　　　　　　　单位:元

项　　目			动力车间(小时)	运输车间(公里)	合　计
待分配费用					
供应辅助生产车间以外单位劳务量					
费用分配律					
基本生产车间	加工车间	耗用数量			
		分配金额			
	组装车间	耗用数量			
		分配金额			
管理部门		耗用数量			
		分配金额			
销售部门		耗用数量			
		分配金额			
合　　计					

主管:　　　　　　　审核:　　　　　　　记账:

表8-3-14

制造费用分配表

生产单位：加工车间　　　　　　　2009年6月　　　　　　　　　单位：元

产品名称	生产工时	分配率	分配金额
立式双门电冰箱	2 800		
立式三门电冰箱	2 300		
合　　计	5 100		

主管：　　　　　　　审核：　　　　　　　记账：

表8-3-15

制造费用分配表

生产单位：组装车间　　　　　　　2009年6月　　　　　　　　　单位：元

产品名称	生产工时	分配率	分配金额
立式双门电冰箱	1 950		
立式三门电冰箱	1 550		
合　　计	3 500		

主管：　　　　　　　审核：　　　　　　　记账：

表 8-3-16

辅助生产成本明细账

年 月

车间名称： 单位：元

年		摘要							合计	转出	余额
月	日										

表8-3-17

辅助生产成本明细账

车间名称：　　　　　　　　　　　　　年　月　　　　　　　　　　　　　单位：元

年	月	摘要							合计	贷方转出	余额
月	日										

表 8-3-18

制造费用明细账

车间名称：　　　　　　　　　　　　　　　年　　月　　　　　　　　　　　　　　　　单位：元

年		摘要								合计	转出	余额
月	日											

表8-3-19

制造费用明细账

车间名称：　　　　　　　　　　　　　　　　　　　年　月　　　　　　　　　　　　　　　　　　　　　单位：元

年		摘要									合计	转出	余额
月	日												

表 8-3-20

加工车间生产成本计算单

产品名称： 　　　　　　　　2009 年 6 月　　　　　　　　单位：元

摘　要		直接材料	直接人工	制造费用	合　计
月初在产品					
本月发生生产费用					
生产费用合计					
最终产成品数量					
在产品约当产量	本步骤在产品数量				
	已交下步骤的未完工半成品				
生产总量(分配标准)					
单位成品成本份额					
计入产成品的份额					
月末在产品成本					

主管：　　　　　　　审核：　　　　　　　记账：

表 8-3-21

加工车间生产成本计算单

产品名称： 　　　　　　　　2009 年 6 月　　　　　　　　单位：元

摘　要		直接材料	直接人工	制造费用	合　计
月初在产品					
本月发生生产费用					
生产费用合计					
最终产成品数量					
在产品约当产量	本步骤在产品数量				
	已交下步骤的未完工半成品				
生产总量(分配标准)					
单位成品成本份额					
计入产成品的份额					
月末在产品成本					

主管：　　　　　　　审核：　　　　　　　记账：

表8-3-22

组装车间生产成本计算单

产品名称：　　　　　　　　　2009年6月　　　　　　　　　单位：元

摘　要		直接材料	直接人工	制造费用	合　计
月初在产品					
本月发生生产费用					
生产费用合计					
最终产成品数量					
在产品约当产量	本步骤在产品数量				
	已交下步骤的未完工半成品				
生产总量(分配标准)					
单位成品成本份额					
计入产成品的份额					
月末在产品成本					

主管：　　　　　　　审核：　　　　　　　记账：

表8-3-23

组装车间生产成本计算单

产品名称：　　　　　　　　　2009年6月　　　　　　　　　单位：元

摘　要		直接材料	直接人工	制造费用	合　计
月初在产品					
本月发生生产费用					
生产费用合计					
最终产成品数量					
在产品约当产量	本步骤在产品数量				
	已交下步骤的未完工半成品				
生产总量(分配标准)					
单位成品成本份额					
计入产成品的份额					
月末在产品成本					

主管：　　　　　　　审核：　　　　　　　记账：

17. 表 8-3-24

成品成本计算汇总表

产品：　　　　　　　　　　2009 年 6 月　　　　　　　　　产量：150 台

车间份额	直接材料	直接人工	制造费用	合　计
加工车间				
组装车间				
完工产品总成本				
完工产品单位成本				

主管：　　　　　　　审核：　　　　　　　记账：

表 8-3-25

成品成本计算汇总表

产品：　　　　　　　　　　2009 年 6 月　　　　　　　　　产量：80 台

车间份额	直接材料	直接人工	制造费用	合　计
加工车间				
组装车间				
完工产品总成本				
完工产品单位成本				

主管：　　　　　　　审核：　　　　　　　记账：

第九章 成本计算分批法

第一节 学习要点

一、分批法的特点

产品成本计算的分批法,是按照产品批别计算产品成本的一种方法。这种方法的特点是不按产品的生产步骤而只是按产品的批别(分批、不分步)计算成本。

二、分批法的适用范围

分批法适用于小批生产和单件生产。

三、分批法的计算程序

1. 分批法的成本核算程序

确定产品批别,并按生产批别或定单设置产品成本明细账;按批别或定单归集生产费用;计算各批(定单)产品的成本。

2. 简化分批法

简化分批法,是每月发生的间接费用不按月在各批产品之间分配,而是将各项间接费用分别累计起来,当一批产品全部完工时,才按完工产品累计生产工时的比例,将间接费用分配计入各批完工产品。

采用这种方法,仍应按照产品批别设立产品成本明细账,但在该批产品完工以前,账内只需按月登记直接计入费用和生产工时,而不必按月分配。只是在有完工产品的那个月份,才分配间接计入费用,计算登记各批完工产品的成本。各批全部产品的在产品成本项目以总数登记在专设的基本生产成本二级明细账中,因此采用简化的分批法,必须设立二级明细账。采用这种方法可以简化间接计入费用的分配和登记工作。

第二节 实训内容

实训一 产品成本计算分批法

一、企业基本简况

天华服装股份有限公司是生产运动休闲服装企业,按生产订单生产服装,裁剪车间、缝纫车间和整理车间。三个车间按着流水线生产,裁剪车间的任务是将布料按照服装的样板进行裁剪,然后将裁剪好的布料送到缝纫车间进行下一步加工;缝纫车间在缝纫过程中,添加一些辅助材料,做成成衣,然后送到整理车间;整理车间对成衣进行整理、熨烫、定性等程序,经检验合格后成为成衣。同时还设有一个机修辅助车间。

二、实训资料

1. 2009年6月期初相关资料

表9-1-1

产品生产批次表

批号	产品	批量（件）	本月生产工时（小时）	投产日期	完工情况
XX0601	女式运动服	2 000	6 000	4月6日	6月30日完工1 500件，按计划单位成本转出
XX0602	女式运动服	2 500	4 000	4月10日	全部完工
YY0801	男式运动服	1 800	5 000	5月5日	全部未完工

表9-1-2

计划单位成本表

单位：元

产品名称	直接材料	燃料及动力	直接人工	制造费用	合计
女式运动服	200	15	55	25	295
男式运动服	300	80	100	80	560

表9-1-3

月初在产品成本表

单位：元

产品批号	产品名称	直接材料	燃料及动力	直接人工	制造费用	合计
XX0601	女式运动服	360,000	18,000	30,000	28,000	436,000
XX0602	女式运动服	480,000	36,000	45,000	27,000	588,000
YY0801	男式运动服	540,000	64,000	50,000	32,000	686,000

2. 企业本月发生的业务

(1) 6月30日分配材料费用

表 9-1-4

材料费用分配表
2009年6月
单位：元

材料名称	基本生产成本				制造费用	辅助生产成本	管理费用	合计
	女式运动服（XX0601）	女式运动服（XX0602）	男式运动服（YY0801）	小计				
棉布		50,000	39,000	89,000				89,000
涤棉	3,000	4,000	4,200	11,200				11,200
辅助材料	2,000	2,200		4,200				4,200
其他材料					6,000	8,000	2,000	16,000
合计	5,000	56,200	43,200	104,400	6,000	8,000	2,000	120,400

(2) 分配动力费用，本月共耗用 90 000 度电，以银行存款 36,000 元支付。

表 9-1-5

外购动力分配表
2009年6月

分配对象		耗用电量（度）	分配标准（生产工时）	分配率	分配金额（元）
基本生产车间	女式运动服（XX0601）				
	女式运动服（XX0602）				
	男式运动服（YY0801）				
	小 计	75 000			
	车间照明	5 000			
机修车间		8 000			
企业管理部门		2 000			
合 计		90,000			36,000

(3)6月30日支付职工薪酬。

表9-1-6

职工薪酬费用分配表
2009年6月

分配对象		应付职工薪酬(元)
基本生产车间	女式运动服(XX0601)	136,800
	女式运动服(XX0602)	91,200
	男式运动服(YY0801)	79,800
	小　计	307,800
制造费用		10,260
机修车间		47,880
企业管理部门		34,200
合　计		400,140

(4)6月30日计提固定资产折旧费。

表9-1-7

固定资产折旧费用分配表
2009年6月

部门	固定资产类别	原值(元)	月折旧率(%)	折旧额(元)	合　计
基本生产车间	机器设备	2,000,000	1.5	30,000	48,000
	房屋建筑物	3,000,000	0.6	18,000	
机修车间	机器设备	500,000	1.8	9,000	13,800
	房屋建筑物	600,000	0.8	4,800	
企业管理部门	机器设备	300,000	1.4	4,200	6,600
	房屋建筑物	400,000	0.6	2,400	
合　计		6,800,000		68,400	68,400

(5)6月30日分配其他费用,均以银行存款支付。

表9-1-8

其他费用分配表
2009年6月　　　　　　　　　　　　　　　　　单位:元

部　门	办公费	水费	差旅费	其他	合计
基本生产车间	3,300	4,200	2,780	860	11,140
机修车间	2,200	4,000	600	320	7,120

续表9-1-8

部　门	办公费	水　费	差旅费	其　他	合　计
企业管理部门	3,300	8,000	4,400	1,500	17,200
合　计	8,800	16,200	7,780	2,680	35,460

(6)6月份机修车间劳务提供情况

表9-1-9

机修车间劳务通知单

车间部门	生产车间	管理部门	合　计
劳务量(小时)	18 000	7 000	25 000

三、实训要求：

(1)设置基本生产成本、辅助生产成本和制造费用明细账,采用分批法核算完工产品总成本和单位成本。

(2)根据各项费用分配表填制记账凭证、登记有关账户(记账凭证和账簿见本书最后附加部分)。

(3)机修车间的生产费用采用直接分配法分配。

(4)编制产品成本计算单和完工产品总成本和单位成本,并编制本月完工产品入库的记账凭证。

(5)实训中的计算结果,分配率保留2位小数,金额数据保留2位小数。

四、实训用表

表 9-1-10

辅助生产成本明细账

车间名称：　　　　　　　　　　　　　　年　　月　　　　　　　　　　　　　单位：元

年		摘要									合计	转出	余额
月	日												

表 9-1-11

制造费用明细账

年 月

车间名称： 单位：元

年		摘要								合计	转出	余额
月	日											

表9-1-12

辅助成生产费用分配表
2009年6月

车间部门	劳务量(小时)	分配率	分配金额
生产车间			
管理部门			
合　计			

表9-1-13

制造费用分配表
2009年6月

产品名称及批号	生产工时(小时)	分配率	分配金额
女式运动服(XX0601)			
女式运动服(XX0602)			
男式运动服(YY0801)			
合　计			

表9-1-14

产品成本计算单
产品名称：　　　　　　　　年　月　　　　　　　　批别：

年		摘　要	直接材料	燃料及动力	直接人工	制造费用	合　计
月	日						
		月初在产品成本					
		本月生产费用					
		生产费用合计					
		完工产品总成本					
		完工产品单位成本					
		月末在产品成本					

表 9-1-15

产品成本计算单

产品名称：　　　　　　　　　　年　月　　　　　　　　　批别：

年		摘　要	直接材料	燃料及动力	直接人工	制造费用	合　计
月	日						
		月初在产品成本					
		本月生产费用					
		生产费用合计					
		完工产品总成本					
		完工产品单位成本					
		月末在产品成本					

表 9-1-16

产品成本计算单

产品名称：　　　　　　　　　　年　月　　　　　　　　　批别：

年		摘　要	直接材料	燃料及动力	直接人工	制造费用	合　计
月	日						
		月初在产品成本					
		本月生产费用					
		生产费用合计					
		完工产品总成本					
		完工产品单位成本					
		月末在产品成本					

表 9-1-27

完工产品总成本汇总表

2009 年 6 月　　　　　　　　　　　　　　　　　　　　单位：元

产品名称	完工产量	直接材料	燃料及动力	直接人工	制造费用	合计	
						总成本	单位成本
女式运动服（XX0601）							
女式运动服（XX0602）							
合　计							

实训二 简化分批法(也称不分批计算在产品成本的分批法)

一、企业基本简况

天力股份有限公司是一家服装公司,以小批量生产为主,产品批次较多,但完工批次较少。为简化成本计算工作,所以成本计算采用分批法,各项间接费用采用"累计分配法"。

二、实训资料

该企业2009年6月各批量情况如下:

表9-2-1

各种产品批次、投产时间、批量及本月完工情况

产品批号	产品名称	投产时间	数量	本月末完工情况
09408	甲产品	4月	9件	本月全部完工
09519	乙产品	5月	8件	本月完工5件
09523	甲产品	5月	12件	尚未完工
09601	丙产品	6月	10件	尚未完工

表9-2-2

各种批次产品的月初、本月发生直接材料与生产工时表

产品批次及名称		期初余额		本月发生		本月完工	
		直接材料	生产工时	直接材料	生产工时	直接材料	生产工时
09408	甲产品	50 200	18 810	12 930	14 220	63 130	33 030
09519	乙产品	38 400	8 620	0	15 880	24 000	15 940
09523	甲产品	34 950	12 350	15 450	15 110	0	0
09601	丙产品	0	0	12 370	13 210	0	0
合	计	123 550	39 780	40 750	58 420	87 130	48 970

三、实训要求

(1) 09519批次的乙产品的原材料系生产开始时一次投料。
(2) 根据本月成本资料,登记基本生产成本二级账,并计算全部产品累计间接费用分配率。
(3) 根据本月产品完工情况登记制造费用明细账,编制制造费用分配表
(4) 编制各种产品成本计算表和完工产品成本汇总表
(5) 实训过程中,分配率保留1位小数,分配金额保留2位小数。

四、实训用表

表 9-2-3

基本生产成本二级账

（全部产品总成本）

2009 年 6 月　　　　　　　　　　　　　　　　　　　　　单位：元

月	日	摘　要	直接材料	生产工时	直接人工	制造费用	合　计
6	1	月初在产品成本	123,550	39,780	35,404	111,383	270,337
	30	本月发生费用	40,750	58,420	52,976	163,577	257,303
	30	生产费用合计	164,300	98,200	88,380	274,960	527,640
		全部产品累计间接费用分配率					
		本月完工转出产品成本					
		月末在产品成本					

表 9-2-4

产品成本计算单

产品名称：甲产品

产品批号：　　　　　　2009 年 6 月　　　　批量生产：9 台　完工产品：9 台

摘　　要	直接材料	工时（小时）	直接人工	制造费用	合　计
月初在产品成本					
本月发生费用					
生产费用合计					
完工产品成本					
月末在产品成本					

表 9-2-5

产品成本计算单

产品名称：乙产品

产品批号：　　　　　　2009 年 6 月　　　　批量生产：8 台　完工产品：5 台

摘　　要	直接材料	工时（小时）	直接人工	制造费用	合　计
月初在产品成本					
本月发生费用					
生产费用合计					
完工产品成本					
月末在产品成本					

表9-2-6

产品成本计算单

产品名称:甲产品
产品批号:　　　　　　　　2009年6月　　　　批量生产:12台 完工产品:0台

摘　要	直接材料	工时(小时)	直接人工	制造费用	合　计
月初在产品成本	34,950	12 350			
本月发生费用	15,450	15 110			
生产费用合计					
完工产品成本					
月末在产品成本					

表9-2-7

产品成本计算单

产品名称:丙产品
产品批号:　　　　　　　　2009年6月　　　　批量生产:10台 完工产品:0台

摘　要	直接材料	工时(小时)	直接人工	制造费用	合　计
月初在产品成本	0	0			
本月发生费用	12,370	13 210			
生产费用合计					
完工产品成本					
月末在产品成本					

表9-2-8

制造费用分配率

2009年6月

分配对象	累计工时(小时)	累计分配率	累计制造费用(元)
完工产品	09408		
	09519		
小　计			
未完工产品			
合　计			

表9-2-9

产品成本计算单
2009年6月

产品批次	产量	工时(小时)	直接材料	直接人工	制造费用	合　计
09408	9					
09519	5					
合　计	—					

第十章　成本计算辅助方法

第一节　学习要点

一、分类法及其计算程序

1.定义

分类法是以产品的类别为成本计算对象，按产品类别归集生产费用，计算出各类产品的总成本，然后采用一定分配标准计算类内各种产品成本的一种方法。

2.分类法成本计算程序

(1)将产品合理分类；
(2)按类别开设产品成本计算单，按类归集费用，计算各类产品成本；
(3)核算类内各种品种(规格)产品的成本。

3.分类法的优缺点和应用条件

采用分类法计算产品成本，不仅能简化成本计算工作，而且能够在产品品种、规格繁多的情况下，分类掌握产品成本的情况。但是，由于在类内各种产品成本的计算中，不论是间接计入费用还是直接计入的费用，都是按一定的分配标准按比例进行分配的。

二、定额法及其计算程序

1.定额法的定义

定额法是以产品的定额成本为基础，加、减脱离定额差异和定额变动差异计算产品实际成本的一种方法。这种方法是为了加强成本管理，进行成本控制而采用的一种成本计算与成本管理相结合的方法。定额法与生产类型没有直接联系。

采用定额法计算产品成本，其核算成本的基本原理是：产品的实际成本是由定额成本、脱离定额差异、定额变动差异和材料成本差异四个因素组成的。

产品实际成本＝产品定额成本＋脱离定额成本差异　＋　定额变动差异　＋　材料成本差异

2.定额法的特点

定额法就是在生产费用发生时，根据事先制定好的定额计算产品的定额成本，同时对实际发生的生产费用和定额成本之间的差异一并加以核算，然后以差额调整定额成本，计算产品实际成本的一种成本计算方法。将成本的计划、控制、核算和分析结合在一起是定额法的本质特征。

3.定额法的计算程序

(1)产品定额成本的计算
(2)脱离定额差异的核算
(3)定额变动差异的计算
(4)材料成本差异的分配

采用定额法必须具备一定条件：一是产品生产已经定型，消耗定额比较准确、稳定；二是有健全的定额管理制度，定额管理基础比较好。但应该指出，定额法与生产的类型没有直接关系,无论哪一类型的企业,只要具备这些条件,都可以采用定额法计算产品成本。

第二节 实训内容

实训一 成本计算辅助方法——分类法

一、企业基本简况

天宏股份有限公司是一家纺织企业,主要生产羊毛衫,其中所生产的圆领羊毛衫、V字领羊毛衫和高领羊毛衫所用的原材料和工艺过程基本相同,将其合并为第一大类产品,采用分类法计算产品成本。

二、实训资料

该企业2009年6月初及本月相关成本资料如下。

第一大类产品月初及本月成本资料

表10-1-1

期初在产品成本明细账

产品名称:第一大类产品　　　　2009年6月　　　　　　　　　　单位:元

摘　　要	直接材料	直接人工	制造费用	合　　计
月初在产品成本	45,000	2,500	4,200	51,700
本月发生费用	793,600	49,500	67,500	910,600

表10-1-2

第一大类产品 产量、工时资料

	产品名称	工时耗用定额	本月完工产量
第一大类产品	圆领羊毛衫	18	1 000
	V字领羊毛衫	20	750
	高领羊毛衫	15	800

表10-1-3

原材料定额情况

产品名称	单位产品原材料费用			
	原材料名称或编号	消耗定额(千克)	计划单价	费用定额
圆领羊毛衫	1011	200	0.50	100
	2011	100	0.80	80
	3013	170	1	170
	小计	—	—	350

续表10-1-3

产品名称	单位产品原材料费用			
	原材料名称或编号	消耗定额(千克)	计划单价	费用定额
V字领羊毛衫	1011	180	0.50	90
	2011	50	0.80	40
	3013	150	1	150
	小计	—	—	280
高领羊毛衫	1011	250	0.50	125
	2011	100	0.80	80
	3013	180	1	180
	小计	—	—	385

三、实训要求

(1)第一大类产品中的圆领羊毛衫为标准产品,类内产品的分配标准:原材料费用按各种产品的原材料费用系数分配,原材料系数按原材料定额确定;其他费用按工时比例分配。

(2)由于第一大类产品的每月在产品的变化不大,且比较稳定,所以月末在产品成本的计算采用按固定成本计算。

(3)实训中计算结果:分配率保留2位小数,分配金额保留2位小数。

四、实训用表

表10-1-4

产品成本明细账

产品名称:第一大类产品　　　　　2009年6月　　　　　　　　单位:元

摘　要	直接材料	直接人工	制造费用	合　计
月初在产品成本	45,000	2,500	4,200	51,700
本月发生费用	793,600	49,500	67,500	910,600
生产费用合计				
完工产品成本				
月末在产品成本				

根据原材料费用定额、工时定额计算原材料费用系数、工时系数。

表 10-1-5

产品名称	产量	原材料费用系数	按原材料费用总系数	工时消耗定额	工时系数	按定额工时计算总系数
圆领羊毛衫						
V 字领羊毛衫						
高领羊毛衫						
合 计						

表 10-1-6

产品成本计算表

产品名称:第一大类产品　　　　2009 年 6 月　　　　　　　　单位:元

产品名称	产量	直接材料	直接人工	制造费用	总成本	单位成本
分配率						
圆领羊毛衫						
V 字领羊毛衫						
高领羊毛衫						
合 计						

实训二　成本计算辅助方法——定额法

一、企业基本简况

天兴股份有限公司是一家家具生产企业,主要生产橱柜,主要原材料是以木材为主,各种消耗定额比较稳定、准确,为加强定额管理和成本控制,采用定额法计算产品成本。

二、实训资料

该企业 2009 年 6 月期初定额及本月发生成本相关资料如下。

(1)月初在产品资料。

表 10-2-1

月初在产品资料

成本项目	产量（件）	消耗定额	计划单价	定额成本（元）	定额差异（元）	定额变动差异（元）
直接材料	10	140 千克	4.2 元/千克	5,880	+800	+150
直接人工	10	160 小时	0.70 元小时	560	-120	—
制造费用	10	160 小时	0.35 元/小时	448	-80	—
合 计	—	—	—	6,888	+600	+150

（2）本月成本资料：自本月起，原材料定额由 140 千克降低为 125 千克，工时定额由 160 小时降低为 150 小时。原材料在本月生产开始时一次投入。本月投产 50 件，月末完工 45 件。定额差异和定额变动差异由本月完工产品和月末在产品之间按定额比例分配。

表 10-2-2

本月实际发生的各项费用

产品名称：橱柜　　　　　　　　　　2009 年 6 月　　　　　　　　　　　单位：元

产品名称	直接材料	直接人工	制造费用	合　计
橱　柜	25,050	5,125	4,100	34,275
材料成本差异率	−1%			

三、实训要求

（1）根据月初及本月成本资料，编制成本计算单。

（2）实训计算过程中，差异分配率保留 4 为小数，分配金额保留 2 位小数

四、实训用表

表 10-2-3

产品成本计算单

产品名称：橱柜　　　　　　　　　2009 年 6 月　　　　　　　　　　单位：元

成本项目			直接材料	直接人工	制造费用	合　计
月初在产品	（1）	定额成本				
	（2）	定额差异				
	（3）	定额变动				
月初在产品定额变动	（4）	定额成本调整				
	（5）	定额变动				
本月费用	（6）	定额成本				
	（7）	定额差异				
费用合计	（8）	定额成本				
	（9）	定额差异				
	（10）	定额变动				
分配率(%)	（11）	定额差异				
	（12）	定额变动				
完工产品成本	（13）	定额成本				
	（14）	定额差异				
	（15）	定额变动				
	（16）	实际成本				
月末在产品成本	（17）	定额成本				
	（18）	定额差异				
	（19）	定额变动				

第十一章 成本报表编制与分析

第一节 学习要点

一、成本报表的一般编制方法

成本报表中的实际成本、费用,应根据有关的产品成本或费用明细账的实际发生额填列;表中的累计实际成本、费用,应根据本期报表的本期实际成本、费用,加上上期报表的累计实际成本、费用计算填列。如果有关的明细账簿中记有期末累计实际成本、费用,可以直接根据有关明细账相应数据填列。

成本报表中的计划数,应根据有关的计划填列;表中其他资料和补充资料,应按报表编制规定填列。

二、成本报表的分析方法

成本报表的分析方法较多,主要有:对比分析法、比率分析法、因素分析法、差额计算分析法和趋势分析法等。

第二节 实训内容

实训一 商品产品成本报表分析

一、企业基本简况

天利股份有限公司是一家家俱生产企业,主要生产卷柜、衣柜和橱柜三种产品,其中橱柜是本年新投产的产品,属于不可比产品。按现行价格计算产品产值为 5,800,000 元。

二、实训资料

表 11 – 1 – 1

成本的有关资料

2009 年 12 月

产品名称	产量(台)				单位成本(元)			
	上年实际	本期计划	本月实际	本年累计	上年实际	本期计划	本月实际	本年累计
卷柜	400	350	50	450	1,500	1,450	1,400	1,420
衣柜	600	650	60	700	1,600	1,500	1,550	1,480
橱柜	—	120	25	150	—	780	800	760

表 11-1-2

商品产品成本表

编制单位： 2009年12月 单位：元

产品名称		可比产品		不可比产品橱柜	全部商品产品
计量单位		卷柜	衣柜		
实际产量	本月				
	本年累计				
单位成本	上年实际平均				
	本年计划				
	本月实际				
	本年累计				
本月总成本	按上年实际平均成本计算				
	按本年计划单位成本计算				
	本月实际				
本年累计总成本	按上年实际平均成本计算				
	按本年计划单位成本计算				
	本年实际				

三、实训要求

(1) 根据成本资料,编制商品产品成本表。

(2) 算可比产品计划降低额和计划降低率,并对可比产品成本完成情况进行因素分析。

(3) 据有关项目的资料,计算填写商品成本表的按现行价格计算的商品产值、可比产品降低额和降低率及产值成本率。

参考答案

第二章

实训一

E 材料的分配率为：13.157 9，甲产品分配额为：52,632 元；乙产品分配额为：72,368 元。

F 材料的分配率为：14.638 6，丙产品分配额为：70,265 元；丁产品分配额为：51,235 元。

G 材料的分配率为：35，甲产品分配额为：26,250 元；乙产品分配额为：19,250 元；丙产品分配额为：25,200 元；丁产品分配额为：9,800 元。

分录：

借：生产成本————基本生产成本————甲　　120,890
　　　　　　　————基本生产成本————乙　　113,610
　　　　　　　————基本生产成本————丙　　120,460
　　　　　　　————基本生产成本————丁　　95,040
　　　　　　　————辅助生产成本————供水　　3,000
　　　　　　　————辅助生产成本————供电　　4,500
　　制造费用　　　　　　　　　　　　　　　　137,250
　　管理费用　　　　　　　　　　　　　　　　2,500
　　贷：原材料　　　　　　　　　　　　　　　597,250

实训二

1. 电费分配率为：0.805 9，甲产品分配额为：2,630.46 元；乙产品分配额为：2,293.59 元；丙产品分配额为：1,833.42 元；丁产品分配额为：2,050.53 元。

2. 水费分配率为：0.281 8，甲产品分配额为：919.80 元；乙产品分配额为：802.00 元；丙产品分配额为：640.10 元；丁产品分配额为：718.10 元。

借：应付账款　　　　　　　　　　　　　　　　　31,024
　　应交税费————应交增值税（进项税款）　　5,274.08
　　贷：银行存款　　　　　　　　　　　　　　　36,298.08
借：生产成本————基本生产成本————甲　　5,507.17
　　　　　　　————基本生产成本————乙　　4,558.03
　　　　　　　————基本生产成本————丙　　4,044.49
　　　　　　　————基本生产成本————丁　　3,794.31
　　　　　　　————辅助生产成本————供水　　2,644
　　　　　　　————辅助生产成本————供电　　2,760
　　制造费用　　　　　　　　　　　　　　　　4,000
　　管理费用　　　　　　　　　　　　　　　　3,716
　　贷：应付账款　　　　　　　　　　　　　　　31,024

实训三

1. 生产工时分配法

分配率为：1.637 7

甲产品分配额为:5,345.45元;乙产品分配额为:4,660.89元;丙产品分配额为:3,725.77元;丁产品分配额为:4,167.77元。

借:生产成本——基本生产成本——甲　5,345.45
　　　　　　——基本生产成本——乙　4,660.89
　　　　　　——基本生产成本——丙　3,725.77
　　　　　　——基本生产成本——丁　4,167.89
　　　　　　——辅助生产成本——供水　2,940
　　　　　　——辅助生产成本——供电　3,040
　　制造费用　　　　　　　　　　　　8,990
　　管理费用　　　　　　　　　　　　4,505
　　贷:应付职工薪酬——应时工资　　　　　　　37,375
借:生产成本——基本生产成本——甲　748.36
　　　　　　——基本生产成本——乙　652.52
　　　　　　——基本生产成本——丙　521.61
　　　　　　——基本生产成本——丁　583.51
　　　　　　——辅助生产成本——供水　411.60
　　　　　　——辅助生产成本——供电　425.6
　　制造费用　　　　　　　　　　　　1,258.60
　　管理费用　　　　　　　　　　　　630.70
　　贷:应付职工薪酬——福利费　　　　　　　　5,232.50

实训四

借:制造费用　17,483
　　管理费用　1,594
　　贷:累计折旧　19,077

第三章

实训一

E材料的分配率为:13.157 9,甲产品分配额为:52,632元;乙产品分配额为:72,368元。

F材料的分配率为:14.638 6,丙产品分配额为:70,265元;丁产品分配额为:51,235元。

G材料的分配率为:35,甲产品分配额为:26,250元;乙产品分配额为:19,250元;丙产品分配额为:25,200元;丁产品分配额为:9,800元。

分录:

借:生产成本——基本生产成本——甲　114,882
　　　　　　——基本生产成本——乙　113,618
　　　　　　——基本生产成本——丙　120,465
　　　　　　——基本生产成本——丁　95,035
　　　　　　——辅助生产成本——供水　10,000
　　　　　　——辅助生产成本——供电　6,000
　　制造费用　　　　　　　　　　　　115,250
　　管理费用　　　　　　　　　　　　1,000
　　贷:原材料　　　　　　　　　　　　　　　576,250

实训二

1. 电费分配率为:0.805 9,甲产品分配额为:2,630.46 元;乙产品分配额为:2,293.59 元;丙产品分配额为:1,833.42 元;丁产品分配额为:2,050.53 元。

2. 水费分配率为:0.281 8,甲产品分配额为:919.80 元;乙产品分配额为:802.00 元;丙产品分配额为:640.10 元;丁产品分配额为:718.10 元。

借:应付账款　　　　　　　　　　　　　　19,986.00
　　应交税费———应交增值税(进项税款)　2,138.70
　贷:银行存款　　　　　　　　　　　　　　22,124.70
借:生产成本———基本生产成本———甲　3,550.26
　　　　　　———基本生产成本———乙　3,095.59
　　　　　　———基本生产成本———丙　2,473.52
　　　　　　———基本生产成本———丁　2,768.63
　　　　　　———辅助生产成本———供水　1,608
　　　　　　———辅助生产成本———供电　1,750
　制造费用　　　　　　　　　　　　　2,400
　管理费用　　　　　　　　　　　　　2,340
　贷:应付账款　　　　　　　　　　　19,986

实训三

1. 生产工时分配法

分配率为:1.637 7

甲产品分配额为:5,345.45 元;乙产品分配额为:4,660.89 元;丙产品分配额为:3,725.77 元;丁产品分配额为:4,167.77 元。

借:生产成本———基本生产成本———甲　5,345.45
　　　　　　———基本生产成本———乙　4,660.89
　　　　　　———基本生产成本———丙　3,725.77
　　　　　　———基本生产成本———丁　4,167.89
　　　　　　———辅助生产成本———供水　2,940
　　　　　　———辅助生产成本———供电　3,040
　制造费用　　　　　　　　　　　　　8,990
　管理费用　　　　　　　　　　　　　4,505
　贷:应付职工薪酬———工资　　　　　37,375
借:生产成本———基本生产成本———甲　748.36
　　　　　　———基本生产成本———乙　652.52
　　　　　　———基本生产成本———丙　521.61
　　　　　　———基本生产成本———丁　583.51
　　　　　　———辅助生产成本———供水　411.60
　　　　　　———辅助生产成本———供电　425.6
　制造费用　　　　　　　　　　　　　1,258.60
　管理费用　　　　　　　　　　　　　630.70
　贷:应付职工薪酬———福利费　　　　5,232.50

实训四

会计分录

借:制造费用 17,483
　　管理费用 1,594
　贷:累计折旧 19,077

第四章

实训一

制造费用总额:51,495 元

实训二

甲产品:23,406.80 元
乙产品:28,088.20 元

第五章

实训一

废品净损失 8,631 元

实训二

一车间:

应付职工薪酬——生产工人工资 9.8×20×40=7 840(元)
应付职工薪酬——职工福利费 7840×14%=1 097.6(元)
制造费用 28.2×40=1 128(元)　　合计 10,065.6 元

二车间:

应付职工薪酬——生产工人工资 8.5×12×50=5 100(元)
应付职工薪酬——职工福利费 5100×14%=714(元)
制造费用 14.5×50 725(元)
材料费用 50×26=1 300(元)　　合计 7,839 元

第六章

实训一

甲产品完工产品成本 11,000 元,月末在产品成本 3,136 元
乙产品完工产品成本 665,980 元,月末在产品成本 362,430 元
丙产品完工产品成本 186,030 元,月末在产品成本 66,708 元
丁产品完工产品成本 390,000 元,月末在产品成本 62,400 元

实训二

月末完工成品成本 299,700 元,完工产品单位成本 333 元
月末在产品成本 108,900 元,在产品单位定额成本 181.50 元

实训三

完工产品成本 60,734.20 元　月末在产品成本 10,465.80 元

实训四

月末在产品及完工产品成本计算如下:

直接材料费用分配率=(9 920+5 200)÷(100+20)=126
月末在产品成本=20×126=2 520(元)
完工产品成本=(9 920+5 200)-2 520=13 600(元)

第七章

材料费用:直接耗用材料:12,240 元　间接耗用材料:15,120 元　合计:27,360 元
辅助生产费用合计:供气车间:13,800 元;供水车间:13,800 元

辅助生产费用分配率:供气车间:2　供水车间:0.89
基本生产车间的制造费用合计:39 200元　分配率:1.568
本月完工办公纸成本:76,068元　在产品成本8,940元
本月完工新闻纸成本:52,440元　在产品成本11,100元

第八章

实训一

第一步骤完工半产品成本:42,500元
第二步骤完工半产品成本:44,280元
第三步骤产成品成本:51,520元
按半成品各成本项目占全部成本的比重还原:
第一步骤还原分配率:81.3%,7.86%,6.78%和4.06%
第二步骤还原分配率:51.76%,20%,18.35%和9.89%
按各步骤耗用半成品的总成本占上一步骤完工半成品总成本比重还原:
第一次还原分配率:0.885 3；第二次还原分配率:0.749 9

实训二

第一步骤完工半成品成本:42,500元
第二步骤完工半成品成本:46,102.35元
第三步骤产成品成本:55,033.95元
月末在产品成本:12,868.40元

实训三

1. 职工薪酬分配表；加工车间4.701 0元/小时,组装车间4.678 6元/小时
2. 辅助生产费用总额:动力车间:25,800元,运输车间23 731元
辅助生产费用分配率:动力车间:3.146 3,运输车间:1.977 6
3. 制造费用总额:加工车间:124,858.07元,组装车间:63,137.7元
制造费用分配率:加工车间24.482 0,组装车间:18.036 3
4. 完工产品总成本:立式双门电冰箱402,053.68元,立式三门冰箱:245,961.60元

第九章

实训一

1. 机修车间的费用合计:80,000元。辅助生产费用分配率:3.2
2. 基本生产车间的制造费用合计:13,500元　制造费用分配率:9
3. 本月完工成本成本:女式运动服(XX0601)442,500元,单位成本为295元,女式运动服(XX0602)779,400元,单位成本为311.76元
4. 月末在产品成本:女式运动服(XX0601)201,300元,男式运动服(YY0801)864,000元

实训二

1. 直接人工分配率:0.9,制造费用分配率:2.8
2. 09408批次的甲产品完工产品的总成本为185,341元
09519批次的乙产品完工产品的总成本为82,978元
3. 月末本产品成本合计:259,321元。二级账各成本项目分别为:77,170元,44,307元,137,844元和259,321元。在产品工时为49,230小时。

第十章

实训一

第一大类产品:完工产品总成本910,600元 月末在产品成本51,700元

按原材料费用计算的总系数2,480,按定额工时计算的总系数2,496.5

类内产品的分配率:320、19.83和27.04。

完工产品的单位成本分别为:366.80元 308元和391元。

实训二

费用合计:定额成本分别为:31,500元 5,775元和3,055.50元 合计:40,330.50元

(9)栏定额调整差异分别为:-650元 -245元和+1,395元 合计:+499.50元

(10)栏定额变动分别为:+780元 +35元和+17.50元 合计:+832.50元

(11)栏分配率:定额差异分别为:-0.020 7 -0.042 4和0.456 6

(12)栏定额变动分别为:0.024 8、0.006 1和0.005 7

(16)栏完工产品实际成本:23,721.86元、4,553.48元、3,454.69元 合计:31,730.03元

提示:(8)栏=(1)栏+(4)栏+(6)栏

(9)栏=(2)栏+(7)栏

(10)栏=(3)栏+(5)栏

(11)栏=各项(9)栏/各项(8)栏

(12)栏=各项(10)栏/各项(8)栏

(14)栏=(11)栏×(13)栏

(15)栏=(12)栏×(13)栏

(16)栏=(13)栏+(14)栏+(15)栏

(17)栏=(8)栏-(13)栏

(18)栏=(11)栏×(17)栏或(9)栏-(13)栏

(19)栏=(12)栏×(17)栏

第十一章

实训一

1. 可比产品降低额120,000元

2. 可比产品降低率0.67%

3. 产值成本率30.84%(产值成本率=本年实际总成本/现行价格计算的产品产值)

4. 表中全部商品产品的本月总成本为183,000元,本年累计总成本为1,789,000元。

记 账 凭 证

年　月　日　　　　　字第　号

摘　要	总账科目	明细科目	借方金额 千百十万千百十元角分	贷方金额 千百十万千百十元角分	记账
合计					

附件　　张

会计主管　　　　审核　　　　制证　　　　记账

记 账 凭 证

年　月　日　　　　　字第　号

摘　要	总账科目	明细科目	借方金额 千百十万千百十元角分	贷方金额 千百十万千百十元角分	记账
合计					

附件　　张

会计主管　　　　审核　　　　制证　　　　记账

记 账 凭 证

年　　月　　日　　　　　字第　　号

摘　要	总账科目	明细科目	借方金额											贷方金额											记账
			千	百	十	万	千	百	十	元	角	分	千	百	十	万	千	百	十	元	角	分	
合计																							

附件　　　张

会计主管　　　　审核　　　　制证　　　　记账

记 账 凭 证

年　　月　　日　　　　　字第　　号

摘　要	总账科目	明细科目	借方金额											贷方金额											记账
			千	百	十	万	千	百	十	元	角	分	千	百	十	万	千	百	十	元	角	分	
合计																							

附件　　　张

会计主管　　　　审核　　　　制证　　　　记账

记 账 凭 证

年　月　日　　　　字第　号

摘　要	总账科目	明细科目	借方金额 千百十万千百十元角分	贷方金额 千百十万千百十元角分	记账
合计					

会计主管　　　　审核　　　　　制证　　　　　记账

附件　　　　张

记 账 凭 证

年　月　日　　　　字第　号

摘　要	总账科目	明细科目	借方金额 千百十万千百十元角分	贷方金额 千百十万千百十元角分	记账
合计					

会计主管　　　　审核　　　　　制证　　　　　记账

附件　　　　张

记 账 凭 证

　　　　　　　　　年　月　日　　　　　字第　号

摘　要	总账科目	明细科目	借方金额										贷方金额										记账
			千	百	十	万	千	百	十	元	角	分	千	百	十	万	千	百	十	元	角	分	
合计																								

附件　　　张

会计主管　　　　审核　　　　制证　　　　记账

记 账 凭 证

　　　　　　　　　年　月　日　　　　　字第　号

摘　要	总账科目	明细科目	借方金额										贷方金额										记账
			千	百	十	万	千	百	十	元	角	分	千	百	十	万	千	百	十	元	角	分	
合计																								

附件　　　张

会计主管　　　　审核　　　　制证　　　　记账

记 账 凭 证

年　　月　　日　　　　　字第　　号

摘　要	总账科目	明细科目	借方金额										贷方金额										记账
			千	百	十	万	千	百	十	元	角	分	千	百	十	万	千	百	十	元	角	分	
合计																								

附件　　张

会计主管　　　　审核　　　　　制证　　　　　记账

记 账 凭 证

年　　月　　日　　　　　字第　　号

摘　要	总账科目	明细科目	借方金额										贷方金额										记账
			千	百	十	万	千	百	十	元	角	分	千	百	十	万	千	百	十	元	角	分	
合计																								

附件　　张

会计主管　　　　审核　　　　　制证　　　　　记账

记 账 凭 证

年　月　日　　　　字第　号

摘　要	总账科目	明细科目	借方金额 千百十万千百十元角分	贷方金额 千百十万千百十元角分	记账
合计					

会计主管　　　　审核　　　　制证　　　　记账

附件　　张

记 账 凭 证

年　月　日　　　　字第　号

摘　要	总账科目	明细科目	借方金额 千百十万千百十元角分	贷方金额 千百十万千百十元角分	记账
合计					

会计主管　　　　审核　　　　制证　　　　记账

附件　　张

记 账 凭 证

年　月　日　　　　字第　号

摘要	总账科目	明细科目	借方金额									贷方金额									记账
			千	百	十	万	千	百	十	元	角	分	千	百	十	万	千	百	十	元	角	分	
合计																							

附件　　张

会计主管　　　　审核　　　　制证　　　　记账

记 账 凭 证

年　月　日　　　　字第　号

摘要	总账科目	明细科目	借方金额									贷方金额									记账
			千	百	十	万	千	百	十	元	角	分	千	百	十	万	千	百	十	元	角	分	
合计																							

附件　　张

会计主管　　　　审核　　　　制证　　　　记账

记 账 凭 证

年　月　日　　　　字第　号

摘　要	总账科目	明细科目	借方金额									贷方金额									记账
			千	百	十	万	千	百	十	元	角	分	千	百	十	万	千	百	十	元	角	分	
合计																							

附件　　张

会计主管　　　审核　　　制证　　　记账

记 账 凭 证

年　月　日　　　　字第　号

摘　要	总账科目	明细科目	借方金额									贷方金额									记账
			千	百	十	万	千	百	十	元	角	分	千	百	十	万	千	百	十	元	角	分	
合计																							

附件　　张

会计主管　　　审核　　　制证　　　记账

记 账 凭 证

年　月　日　　　　字第　号

摘　要	总账科目	明细科目	借方金额 千百十万千百十元角分	贷方金额 千百十万千百十元角分	记账
合计					

附件　　　张

会计主管　　　审核　　　制证　　　记账

记 账 凭 证

年　月　日　　　　字第　号

摘　要	总账科目	明细科目	借方金额 千百十万千百十元角分	贷方金额 千百十万千百十元角分	记账
合计					

附件　　　张

会计主管　　　审核　　　制证　　　记账

记 账 凭 证

年　月　日　　　　　字第　号

摘　要	总账科目	明细科目	借方金额											贷方金额											记账
			千	百	十	万	千	百	十	元	角	分	千	百	十	万	千	百	十	元	角	分	
合计																								

附件　　张

会计主管　　　　审核　　　　　制证　　　　　记账

记 账 凭 证

年　月　日　　　　　字第　号

摘　要	总账科目	明细科目	借方金额											贷方金额											记账
			千	百	十	万	千	百	十	元	角	分	千	百	十	万	千	百	十	元	角	分	
合计																								

附件　　张

会计主管　　　　审核　　　　　制证　　　　　记账

记 账 凭 证

年　月　日　　　　字第　号

摘　要	总账科目	明细科目	借方金额 千百十万千百十元角分	贷方金额 千百十万千百十元角分	记账
合计					

附件　　　张

会计主管　　　审核　　　制证　　　记账

记 账 凭 证

年　月　日　　　　字第　号

摘　要	总账科目	明细科目	借方金额 千百十万千百十元角分	贷方金额 千百十万千百十元角分	记账
合计					

附件　　　张

会计主管　　　审核　　　制证　　　记账

记 账 凭 证

年　　月　　日　　　　　字第　　号

摘　　要	总账科目	明细科目	借方金额									贷方金额									记账
			千	百	十	万	千	百	十	元	角	分	千	百	十	万	千	百	十	元	角	分	
合计																							

附件　　　张

会计主管　　　　　审核　　　　　制证　　　　　记账

记 账 凭 证

年　　月　　日　　　　　字第　　号

摘　　要	总账科目	明细科目	借方金额									贷方金额									记账
			千	百	十	万	千	百	十	元	角	分	千	百	十	万	千	百	十	元	角	分	
合计																							

附件　　　张

会计主管　　　　　审核　　　　　制证　　　　　记账

记 账 凭 证

年　月　日　　　　　字第　号

摘　要	总账科目	明细科目	借方金额									贷方金额									记账
			千	百	十	万	千	百	十	元	角	分	千	百	十	万	千	百	十	元	角	分	
合计																								

附件　　张

会计主管　　　　审核　　　　制证　　　　记账

记 账 凭 证

年　月　日　　　　　字第　号

摘　要	总账科目	明细科目	借方金额									贷方金额									记账
			千	百	十	万	千	百	十	元	角	分	千	百	十	万	千	百	十	元	角	分	
合计																								

附件　　张

会计主管　　　　审核　　　　制证　　　　记账

记 账 凭 证

年　月　日　　　　　字第　号

摘　要	总账科目	明细科目	借方金额 千百十万千百十元角分	贷方金额 千百十万千百十元角分	记账
合计					

会计主管　　　　审核　　　　制证　　　　记账

附件　　张

记 账 凭 证

年　月　日　　　　　字第　号

摘　要	总账科目	明细科目	借方金额 千百十万千百十元角分	贷方金额 千百十万千百十元角分	记账
合计					

会计主管　　　　审核　　　　制证　　　　记账

附件　　张

记 账 凭 证

　　　　　　　　　　　年　月　日　　　　字第　号

摘　　要	总账科目	明细科目	借方金额										贷方金额										记账
			千	百	十	万	千	百	十	元	角	分	千	百	十	万	千	百	十	元	角	分	
合计																							

附件　　张

会计主管　　　　　审核　　　　　制证　　　　　记账

记 账 凭 证

　　　　　　　　　　　年　月　日　　　　字第　号

摘　　要	总账科目	明细科目	借方金额										贷方金额										记账
			千	百	十	万	千	百	十	元	角	分	千	百	十	万	千	百	十	元	角	分	
合计																							

附件　　张

会计主管　　　　　审核　　　　　制证　　　　　记账

记 账 凭 证

　　　　　　年　　月　　日　　　　　　字第　　号

摘　　要	总账科目	明细科目	借方金额									贷方金额									记账
			千	百	十	万	千	百	十	元	角	分	千	百	十	万	千	百	十	元	角	分	
合计																							

附件　　张

会计主管　　　　　审核　　　　　制证　　　　　记账

记 账 凭 证

　　　　　　年　　月　　日　　　　　　字第　　号

摘　　要	总账科目	明细科目	借方金额									贷方金额									记账
			千	百	十	万	千	百	十	元	角	分	千	百	十	万	千	百	十	元	角	分	
合计																							

附件　　张

会计主管　　　　　审核　　　　　制证　　　　　记账

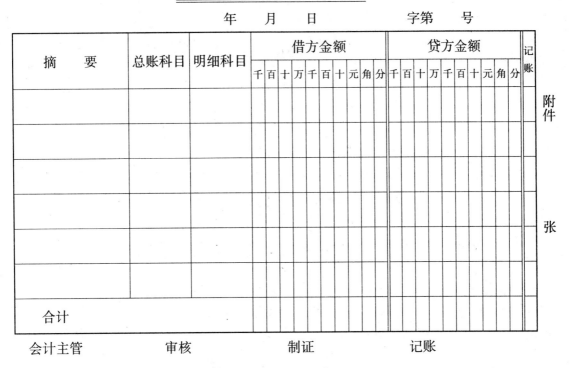

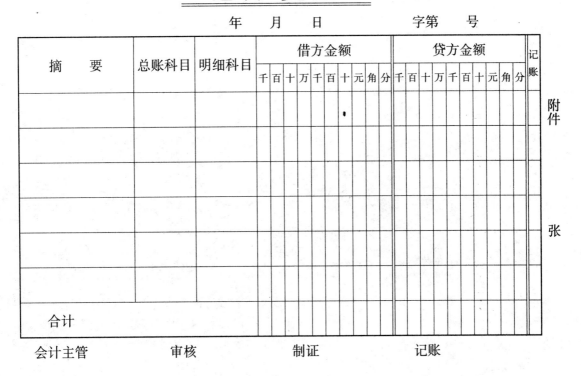

记 账 凭 证

年　月　日　　　　字第　号

摘　要	总账科目	明细科目	借方金额									贷方金额									记账
			千	百	十	万	千	百	十	元	角	分	千	百	十	万	千	百	十	元	角	分	
合计																							

附件　　张

会计主管　　　　审核　　　　制证　　　　记账

记 账 凭 证

年　月　日　　　　字第　号

摘　要	总账科目	明细科目	借方金额									贷方金额									记账
			千	百	十	万	千	百	十	元	角	分	千	百	十	万	千	百	十	元	角	分	
合计																							

附件　　张

会计主管　　　　审核　　　　制证　　　　记账

记 账 凭 证

　　　　　　　　　　　年　　月　　日　　　　　字第　　号

摘　　要	总账科目	明细科目	借方金额											贷方金额											记账
			千	百	十	万	千	百	十	元	角	分	千	百	十	万	千	百	十	元	角	分	
合计																							

附件　　张

会计主管　　　　　审核　　　　　制证　　　　　记账

记 账 凭 证

　　　　　　　　　　　年　　月　　日　　　　　字第　　号

摘　　要	总账科目	明细科目	借方金额											贷方金额											记账
			千	百	十	万	千	百	十	元	角	分	千	百	十	万	千	百	十	元	角	分	
合计																							

附件　　张

会计主管　　　　　审核　　　　　制证　　　　　记账

记 账 凭 证

年　　月　　日　　　　　字第　　号

摘　　要	总账科目	明细科目	借方金额										贷方金额										记账
			千	百	十	万	千	百	十	元	角	分	千	百	十	万	千	百	十	元	角	分	
合计																							

附件　　　张

会计主管　　　　审核　　　　制证　　　　记账

记 账 凭 证

年　　月　　日　　　　　字第　　号

摘　　要	总账科目	明细科目	借方金额										贷方金额										记账
			千	百	十	万	千	百	十	元	角	分	千	百	十	万	千	百	十	元	角	分	
合计																							

附件　　　张

会计主管　　　　审核　　　　制证　　　　记账

记 账 凭 证

年　　月　　日　　　　　　字第　　号

摘　要	总账科目	明细科目	借方金额											贷方金额											记账
			千	百	十	万	千	百	十	元	角	分	千	百	十	万	千	百	十	元	角	分	
合计																							

附件　　张

会计主管　　　　审核　　　　　制证　　　　　记账

记 账 凭 证

年　　月　　日　　　　　　字第　　号

摘　要	总账科目	明细科目	借方金额											贷方金额											记账
			千	百	十	万	千	百	十	元	角	分	千	百	十	万	千	百	十	元	角	分	
合计																							

附件　　张

会计主管　　　　审核　　　　　制证　　　　　记账

记 账 凭 证

年　月　日　　　　字第　号

摘　要	总账科目	明细科目	借方金额									贷方金额									记账
			千	百	十	万	千	百	十	元	角	分	千	百	十	万	千	百	十	元	角	分	
合计																								

附件　　张

会计主管　　　　审核　　　　制证　　　　记账

记 账 凭 证

年　月　日　　　　字第　号

摘　要	总账科目	明细科目	借方金额									贷方金额									记账
			千	百	十	万	千	百	十	元	角	分	千	百	十	万	千	百	十	元	角	分	
合计																								

附件　　张

会计主管　　　　审核　　　　制证　　　　记账

记 账 凭 证

　　　　　　　　　年　　月　　日　　　　　字第　号

摘　　要	总账科目	明细科目	借方金额									贷方金额									记账
			千	百	十	万	千	百	十	元	角	分	千	百	十	万	千	百	十	元	角	分	
合计																							

附件　　张

会计主管　　　　　审核　　　　　制证　　　　　记账

记 账 凭 证

　　　　　　　　　年　　月　　日　　　　　字第　号

摘　　要	总账科目	明细科目	借方金额									贷方金额									记账
			千	百	十	万	千	百	十	元	角	分	千	百	十	万	千	百	十	元	角	分	
合计																							

附件　　张

会计主管　　　　　审核　　　　　制证　　　　　记账

记 账 凭 证

年　月　日　　　　字第　号

摘　要	总账科目	明细科目	借方金额 千百十万千百十元角分	贷方金额 千百十万千百十元角分	记账
合计					

附件　　　张

会计主管　　　审核　　　制证　　　记账

记 账 凭 证

年　月　日　　　　字第　号

摘　要	总账科目	明细科目	借方金额 千百十万千百十元角分	贷方金额 千百十万千百十元角分	记账
合计					

附件　　　张

会计主管　　　审核　　　制证　　　记账

记 账 凭 证

年　月　日　　　　字第　号

摘　要	总账科目	明细科目	借方金额 千百十万千百十元角分	贷方金额 千百十万千百十元角分	记账
合计					

附件　　张

会计主管　　　审核　　　制证　　　记账

记 账 凭 证

年　月　日　　　　字第　号

摘　要	总账科目	明细科目	借方金额 千百十万千百十元角分	贷方金额 千百十万千百十元角分	记账
合计					

附件　　张

会计主管　　　审核　　　制证　　　记账

记 账 凭 证

年　月　日　　　　字第　号

摘　　要	总账科目	明细科目	借方金额										贷方金额										记账
			千	百	十	万	千	百	十	元	角	分	千	百	十	万	千	百	十	元	角	分	
合计																							

附件　　　张

会计主管　　　审核　　　制证　　　记账

记 账 凭 证

年　月　日　　　　字第　号

摘　　要	总账科目	明细科目	借方金额										贷方金额										记账
			千	百	十	万	千	百	十	元	角	分	千	百	十	万	千	百	十	元	角	分	
合计																							

附件　　　张

会计主管　　　审核　　　制证　　　记账

记 账 凭 证

年　月　日　　　　字第　号

摘　　要	总账科目	明细科目	借方金额											贷方金额											记账
			千	百	十	万	千	百	十	元	角	分	千	百	十	万	千	百	十	元	角	分	
合计																								

附件　　　张

会计主管　　　审核　　　制证　　　记账

记 账 凭 证

年　月　日　　　　字第　号

摘　　要	总账科目	明细科目	借方金额											贷方金额											记账
			千	百	十	万	千	百	十	元	角	分	千	百	十	万	千	百	十	元	角	分	
合计																								

附件　　　张

会计主管　　　审核　　　制证　　　记账

辅助生产成本明细账

车间名称：　　　　　　　　　　　　年　月　　　　　　　　　　　　　单位：元

年 月	日	摘要							合计	转出	余额

辅助生产成本明细账

车间名称：　　　　　　　　　　　　　　　　　年　月　　　　　　　　　　　　　　　　单位：元

年 月	日	摘要								合计	转出	余额

辅助生产成本明细账

车间名称：　　　　　　　　　　　　　　　年　月　　　　　　　　　　　　　　　单位：元

年	月	摘要									合计	转出	余额

辅助生产成本明细账

年　月

车间名称：　　　　　　　　　　　　　　　　　　　　　　　　　　　单位：元

年		摘要								合计	转出	余额
月	日											

制造费用明细账

车间名称：   年 月   单位：元

年		摘要								合计	转出	余额
月	日											

制造费用明细账

车间名称：　　　　　　　　　　　　　年　月　　　　　　　　　　　　　　　单位：元

年		摘要								合计	转出	余额
月	日											

制造费用明细账

车间名称：　　　　　　　　　　　　　　　年　月　　　　　　　　　　　　　　　单位：元

年	月	摘要									合计	转出	余额
月	日												

制造费用明细账

车间名称：
年　月　　　　　　　　　　　　　　　　　　　　　　　　　　　单位：元

年		摘要								合计	转出	余额
月	日											

参考文献

[1] 中华人民共和国财政部.企业会计准则2006[M].北京:经济科学出版社,2006.

[2] 中华人民共和国财政部.企业会计准则——应用指南2006[M].北京:中国财政经济出版社,2006.

[3] 潘琴,李学东.成本会计实训教程[M].2版.北京:经济科学出版社,2008.

[4] 万寿义,任月君.成本会计[M].2版.大连:东北财经大学出版社,2010.

[5] 王思武.成本会计模拟实训[M].北京:清华大学出版社,2010.

[6] 程明娥.成本会计[M].北京:清华大学出版社,2009.

[7] 王志红.成本会计学[M].北京:清华大学出版社,2010.

[8] 谢冬梅.成本会计模拟实验[M].北京:科学出版社,2010.

[9] 侯文哲,李欢.成本会计[M].哈尔滨:黑龙江人民出版社,2005.

读者反馈表

尊敬的读者：

您好！感谢您多年来对哈尔滨工业大学出版社的支持与厚爱！为了更好地满足您的需要，提供更好的服务，希望您对本书提出宝贵意见，将下表填好后，寄回我社或登录我社网站（http://hitpress.hit.edu.cn）进行填写。谢谢！您可享有的权益：

☆ 免费获得我社的最新图书书目　　☆ 可参加不定期的促销活动
☆ 解答阅读中遇到的问题　　　　　☆ 购买此系列图书可优惠

读者信息

姓名_____　□先生　□女士　　年龄_____　学历_____
工作单位_____　职务_____
E-mail_____　邮编_____
通讯地址_____
购书名称_____　购书地点_____

---

1. 您对本书的评价

内容质量	□很好	□较好	□一般	□较差
封面设计	□很好	□一般	□较差	
编排	□利于阅读	□一般	□较差	
本书定价	□偏高	□合适	□偏低	

2. 在您获取专业知识和专业信息的主要渠道中，排在前三位的是：
①_____　②_____　③_____
A.网络　B.期刊　C.图书　D.报纸　E.电视　F.会议　G.内部交流　H.其他：_____

3. 您认为编写最好的专业图书(国内外)

书名	著作者	出版社	出版日期	定价

4. 您是否愿意与我们合作，参与编写、编译、翻译图书？
_____

5. 您还需要阅读哪些图书？
_____

网址：http://hitpress.hit.edu.cn
技术支持与课件下载：网站课件下载区
服务邮箱 wenbinzh@hit.edu.cn　duyanwell@163.com
邮购电话 0451-86281013　0451-86418760
组稿编辑及联系方式　赵文斌(0451-86281226)　杜燕(0451-86281408)
回寄地址：黑龙江省哈尔滨市南岗区复华四道街10号　哈尔滨工业大学出版社
邮编：150006　传真 0451-86414049